WOSCHOFIUS

DAS BUCH DER STRAFEN

222 erotische Aufgaben und Strafen

ERWEITERTE AUSGABE

MIT NACHSCHLAG

3. Auflage der erweiterten Ausgabe März 2024
Titelbild: David Redon unter Verwendung eines Bildes
von Bettie Page, zur Verfügung gestellt von Getty Images

Satz: Nicole Laka

ISBN: 978-3-944154-68-8

MARQUIS Bücher
ein Imprint von U-Line

www. marquis-magazine.com

VORWORT

Selten wurde Sexualität so offen ausgelebt wie zu Beginn des 21.ten Jahrhunderts. Tabus und Grenzen fallen, die westliche Welt ist aufgeklärter und in vielen Bereichen toleranter geworden. Die erweiterten Möglichkeiten des Internets erleichtern zudem die Suche nach Gleichgesinnten und eröffnen neue Wege (besondere Formen der) Sexualität auszuleben.

Auch Randbereiche der Sexualität wie Bondage, Sadomasochismus, Homosexualität und Fetischismus sind in der Gesellschaft angekommen. Die Mode vereinnahmt den Fetisch und erotische Partys gibt es mittlerweile in vielen Städten.

Das Schlagwort »Casual Sex« oder »Friend with benefit« ist allendhalben zu hören und beschreibt unverbindlichen Sex, der aber durchaus offen ausgelebt wird. Sex ist mehr und mehr zu einem Genussmittel geworden, bei dem es um Lustgewinn geht und nicht um romantische Monogamie.

Um diesen Lustgewinn immer wieder neu zu erleben, werden neue Sexualpartner gesucht oder es werden neue Rituale, Fantasien und Wünsche umgesetzt. Partnerschaften öffnen sich und Polyamorie, erotische Herr-Sklaven-Beziehungen und polygame Lebensskripte tauchen verstärkt in den Medien auf. Eine Vielzahl von Webseiten entstanden, die diese Zielgruppe adressieren. Die größten von Ihnen haben mehrere hunderttausend Mitglieder.

Die gemeinsame Klammer dieser Weiterentwicklung ist die Lust am Lustgewinn.

Eine Form dieser Lust, ist die Lust an erotischen Aufgaben und (im

BDSM-Umfeld*) auch an erotischen Strafen. Hierin wird auch der thematische Schwerpunkt dieses Buches liegen.

Dieses Buch beschreibt 222 solcher erotischer Aufgaben, aber auch Strafen. Unter »Strafen« werden hier Aktionen beschrieben, die sich schwerpunktmäßig auf BDSM-Beziehungen beziehen. Hierbei wird ein vereinbartes Machtgefälle genutzt um Fantasien mit Schmerz und Demütigung lustvoll auszuleben.
Dieses Buch gliedert sich in reale und virtuelle Spiele, sowie in Outdoor-, Party- und Indoor-Aktivitäten.
Bei dem Teil der Aufgaben die virtueller Natur sind, muss die betreffende Person Aufgaben erfüllen und das Ergebnis dann via Skype, Mail oder SMS als Fotobeweis an den Aufgabensteller übermitteln.
Die Beschreibungen, die in diesem Buch zu finden sind, sind wie kleine »Kochrezepte« zu verstehen, die die notwendigen Utensilien und Mitspieler, den Aufwand, die Risiken und natürlich den genauen Ablauf wiedergeben.
Manche Spiele sind lustvoll, andere eher peinlich, weshalb sie Überwindung kosten, und wieder andere haben als tragendes Element (erotische) Schmerzreize.

Nun bleibt mir nur noch, euch viel Spaß beim Lesen, Entdecken und Ausprobieren zu wünschen!
Beachtet dabei aber unbedingt meine Hinweise in den nachfolgenden Grundlagen.

Woschofius

---

* BDSM ist eine Abkürzung für Bondage und Disziplin – Dominanz und Submission – Sadismus und Masochismus und beschreibt einvernehmliche Sexualpraktiken bei denen Schmerz und Unterwerfungsritualen durchgeführt werden.

INHALTSVERZEICHNIS

ZUM GEBRAUCH DES BUCHES

Vorab ein paar Worte zum Gebrauch des Buches.
Am Anfang jeder Aufgabe beziehungsweise Strafe steht eine Kurzzusammenfassung, deren Inhalt folgende Bedeutung hat:

	Thema		
Geschlecht	Männlich	Weiblich	Egal
Utensilien	Beschreibt die benötigten Utensilien		
Mitspieler (Bsp.)	nur der Partner	Paar	möglichst viele
Aufwand (Bsp.)	20 min	beliebig	evtl. über Wochen
Kosten	keine	wenig	
Umfeld	Outdoor	Indoor	Erotikparty
	Virtuell	Freibad	Egal
Schwierigkeitsgrad	1	2	3
Kategorie	Schmerzhaft	Lustvoll	Peinlich
	Ekelig	Ärgerlich	Anstrengend
	Aufregend	Beängstigend	Demütigend
	Unangenehm	Gemein	Diverse

Daraufhin folgt eine ausführliche Beschreibung.
Der Schwierigkeitsgrad ist natürlich personenabhängig sehr unterschiedlich. Was für den einen leicht ist, ist für den anderen schon mit großer Überwindung verbunden. Trotzdem habe ich

eine Kategorisierung eingeführt, um eine grobe Einschätzung abgeben zu können.
Der Einfachheit halber spreche ich von nun an nur noch von Aufgaben, da der Übergang zur Strafe ja fließend ist.
Zudem habe ich mich dazu entschlossen, immer in der männlichen Form von »der Person« zu schreiben. Dies ist nicht Genderkonform, erhöht aber die Lesbarkeit der Texte.

RECHTLICHES

Einige der in diesem Buch geschilderten Aufgaben und Strafen finden in der Öffentlichkeit statt.
Hierbei gibt es allerdings einiges zu beachten.
Fühlt sich jemand im öffentlichen Raum durch mein Tun gestört, greift §183a StGB, besser bekannt als »Erregung öffentlichen Ärgernisses«.
Durch diese Regelung wird das Recht des Einzelnen auf Achtung seiner Anschauungen, die durch ungewollte und aufgezwungene intime Verhaltensweisen Fremder verletzt werden, geschützt.

Gesetzestext: § 183a StGB
Erregung Öffentlichen Ärgernisses
Wer öffentlich sexuelle Handlungen vornimmt und dadurch absichtlich oder wissentlich ein Ärgernis erregt, wird mit Freiheitsstrafe bis zu einem Jahr oder mit Geldstrafe bestraft, wenn die Tat nicht in § 183 mit Strafe bedroht ist.

Voraussetzungen des § 183a StGB
Unter »Sexuell« versteht man jede Handlung, die einen direkten oder indirekten Bezug zur Sexualität aufweist.
Unter »Öffentlich« versteht man, wenn Personen die Handlung im öffentlichen Raum wahrnehmen, sprich, es handelt sich um Personen und Orte, die nicht dem direkten, privaten Umfeld des Täters entsprechen.
Unter »Ärgernis« versteht man, dass sich eine Person unmittelbar durch die Handlung gestört fühlt.
Das bedeutet, dass der Betroffene direkt die Polizei kontaktieren muss. Macht er dies später oder erst durch Zureden anderer, ist der Tatbestand nicht mehr erfüllt.

Rechtsfolgen

Für das Erregen öffentlichen Ärgernisses sieht das Strafgesetzbuch einen Strafrahmen von einer Freiheitsstrafe bis zu einem Jahr oder Geldstrafe vor.

Ausland

Während es in Deutschland ein vergleichsweise »harmloses« Vergehen ist, sich bei sexuellen Handlungen in der Öffentlichkeit erwischen zu lassen, sehen Rechtssysteme in anderen Ländern hierfür unter Umständen wesentlich härtere Strafen vor. Diese reichen von längeren Freiheitsstrafen bis hin zur Todesstrafe. Besonders in muslimischen Ländern gelten andere Konventionen, was zwingend bei einem anstehenden Urlaub dort beachtet werden sollte.
Um das Risiko einer Anzeige generell zu umgehen, empfehle ich, öffentliche Spiele eher im geschützten Rahmen durchzuführen. Dies ist zum Beispiel auf Erotik- und Fetisch/SM-Partys oder in speziellen Clubs (zum Beispiel Swingerclubs) möglich. Zudem gibt es auch die Möglichkeit, vertraute Personen mit einzubinden, die aufpassen, dass keine Fremden involviert werden.

Körperverletzung

Grundsätzlich erfüllen Handlungen wie körperliche Züchtigungen in Deutschland den Tatbestand der (einfachen) Körperverletzung gemäß §223 StGB.

Gesetzestext: § 223 Körperverletzung

(1) Wer eine andere Person körperlich misshandelt oder an der Gesundheit schädigt, wird mit Freiheitsstrafe bis zu fünf Jahren oder mit Geldstrafe bestraft.
(2) Der Versuch ist strafbar.

Körperliche Misshandlungen umfassen alle substanzverletzenden Einwirkungen auf den Körper des Opfers sowie jede üble, unan-

gemessene Behandlung, durch die das körperliche Wohlbefinden mehr als nur unerheblich beeinträchtigt wird.
(Auch Knebeln und Fesseln kann dazugehören!)

Eine Gesundheitsschädigung ist das Hervorrufen oder Steigern eines vom Normalzustand der körperlichen Funktionen des Opfers nachteilig abweichenden krankhaften Zustandes körperlicher oder seelischer Art.

Wird bei der Züchtigung jedoch z. B. eine Peitsche genutzt, wird bereits der Tatbestand der gefährlichen Körperverletzung gemäß §224 Abs. 1 Nr. 2 Var. 2 StGB erfüllt.

Gesetzestext: § 224 Gefährliche Körperverletzung

(1) Wer die Körperverletzung
1. durch Beibringung von Gift oder anderen gesundheitsschädlichen Stoffen,
2. mittels einer Waffe oder eines anderen gefährlichen Werkzeugs,
3. mittels eines hinterlistigen Überfalls,
4. mit einem anderen Beteiligten gemeinschaftlich oder
5. mittels einer das Leben gefährdenden Behandlung
begeht, wird mit Freiheitsstrafe von sechs Monaten bis zu zehn Jahren, in minder schweren Fällen mit Freiheitsstrafe von drei Monaten bis zu fünf Jahren bestraft.
(2) Der Versuch ist strafbar.

Ein gefährliches Werkzeug ist nach herrschender Meinung jeder bewegliche Gegenstand, der nach seiner objektiven Beschaffenheit und Art seiner Verwendung im konkreten Fall geeignet ist, erheblichere Verletzungen zuzufügen.
Es besteht jetzt jedoch kein Grund dazu, in Panik zu verfallen und allem abzuschwören, was (Lust-)Schmerz verursacht.

Der Gesetzgeber hat vorgesehen, dass die Möglichkeit besteht, in Körperverletzungshandlungen einzuwilligen.

Gesetzestext: § 228 Einwilligung

(1) Wer eine Körperverletzung mit Einwilligung der verletzten Person vornimmt, handelt nur dann rechtswidrig, wenn die Tat trotz der Einwilligung gegen die guten Sitten verstößt.

(2) Die Einwilligung ist nur dann gültig, wenn sie vor der Verletzungshandlung entweder ausdrücklich oder stillschweigend (konkludent) gegeben wurde.

Was eine ausdrückliche Einwilligung ist, ist sicher jedem klar, aber den Begriff »stillschweigende Einwilligung« möchte ich noch einmal kurz anhand eines Beispiels erklären.

Von einer stillschweigenden Einwilligung kann man sprechen, wenn du deinem (Spiel)Partner z. B. androhst: »Wenn du weiter so frech bist, versohle ich dir den Hintern!«, und dieser daraufhin etwas entgegnet wie: »Das traust du dich sowieso nicht!«, und dabei genau weiß, dass er dich mit dieser Aussage dazu ermuntert, das von dir Angedrohte in die Tat umzusetzen.

Vergesst bitte nicht, dass § 228 StGB nur dann eingreift, wenn die Tat, in die eingewilligt wurde, nicht gegen die guten Sitten verstößt.

Unter »gute Sitten« versteht man das Anstands- und Gerechtigkeitsgefühl aller billig und gerecht Denkenden. Gemeint ist also eine in der Gesellschaft vorherrschende Rechts- und Sozialmoral.

Sadomasochistische Handlungen verstoßen inzwischen nicht mehr generell gegen die guten Sitten. Das war vor ein paar Jahren noch anders. An dieser Weiterentwicklung sieht man sehr gut, dass die Moralvorstellungen der Gesellschaft immer wieder

Veränderungen durchlaufen, weshalb man sie auch nicht einfach konkretisieren kann.
Handlungen, die für das »Opfer« eine reelle Todesgefahr bergen (wie z. B. Strangulierungen), sind jedoch ganz klar weiterhin sittenwidrig.

Überlegt euch also bitte vorher gut, was ihr tut, und seid euch der Risiken bewusst, die ihr möglicherweise mit eurem Handeln eingeht. Der gesunde Menschenverstand sollte niemals ausgeschaltet werden, auch wenn so manche Grenzsituation den Einen oder Anderen im Kopfkino reizen mag.

Andere Rechtssysteme:
Auch in Österreich kann in leichte Körperverletzungen eingewilligt werden. Die Wirksamkeit der Einwilligung ist, ebenso wie in Deutschland, davon abhängig, dass mit der Körperverletzungshandlung nicht gegen die (aktuell geltenden) guten Sitten verstoßen wird.

In der Schweiz können, seit der Verschärfung des Schweizer Strafgesetzbuches, einzelne sadomasochistische Handlungen strafbar sein.

In Großbritannien kann in eine Körperverletzungshandlung gar nicht eingewilligt werden. Das hat zur Folge, dass auch einvernehmlich begangene Handlungen wie sadomasochistische Praktiken generell illegal sind.

Ich weise ausdrücklich darauf hin, dass die von mir hier festgehaltenen rechtlichen Hinweise keine Rechtsberatung ersetzen oder darstellen. Ich bin weder Rechtsanwalt, noch habe ich Jura studiert. Eine Haftung für euer Verhalten, welches aus einer möglichen Fehlinformation resultiert, übernehme ich nicht. Daher empfehle ich den Leuten, die auf Nummer sicher gehen wollen, eine fachkundige Rechtsberatung.

WAS IST DAS BUCH NICHT?

Das Buch beschreibt keine Rollenspiele wie »Krankenschwester und Patient« oder »Polizist und Prostituierte«. Rollenspiele dieser Art sind ein komplett anderes Spielfeld der Lust. Bei Rollenspielen schlüpft man, wie der Name schon sagt, in die Rolle eines anderen und versucht, durch den Aufbau des Spiels und durch Verkleidung, möglichst viel Realität zu schaffen.

Dieses Buch soll auch nicht als Aufforderung dazu verstanden werden, alles, was ich hier beschrieben habe, nachzuspielen. Ihr solltet wirklich nur die Dinge tun, bei denen ihr euch wohl fühlt und die ihr euch auch technisch zutraut.

Manche Aufgaben/Strafen benötigen überdies Fachkenntnisse. Diese Fachkenntnisse sind zum Beispiel beim Fesseln (Bondage) zwingend erforderlich, um die damit verbundenen Risiken zu kennen und diese dann minimieren zu können. Ich rate dringend dazu, dass ihr euch diese Kenntnisse vorher aneignet! Spezielle Bücher, wie zum Beispiel das »SM-Handbuch« aus dem Charon Verlag, können hierfür eine sinnvolle Unterstützung sein.

Achtet unbedingt darauf, dass alles was ihr tut einvernehmlich, freiwillig, sicher und mit gesundem Menschenverstand ausgeführt wird. Belästigt keine Unbeteiligten (vor allen Dingen keine Kinder und Jugendliche) und geht keine unnötigen Risiken ein.

Ich hafte nicht für Schäden, die aus eurem Tun entstehen. Dieses Buch soll Anregungen geben, nicht mehr und nicht weniger! Auch ist das Buch nicht als Aufforderung zur Durchführung oder zur »Erregung öffentlichen Ärgernisses« zu verstehen (siehe Rechtliches).

BDSM – WAS IST DAS?

Die Abkürzung BDSM ist nun ja schon ein paarmal gefallen. BDSM ist eine Abkürzung für Bondage und Disziplin (BD) – Dominanz und Submission (DS) – Sadismus und Masochismus (SM) und beschreibt Sexualpraktiken, bei denen einvernehmlich Schmerz und Unterwerfungsrituale durchgeführt werden.
Du musst nun allerdings nicht gleich erschrecken. Dieses Buch ist auch für Menschen ohne BDSM-Neigung geeignet, trotzdem möchte ich ein paar Worte dazu verlieren.

Bondage und Disziplin
Beschreibt Praktiken, die mit Fesselungen und Gehorsamkeit in Zusammenhang gebracht werden. Im Bereich Bondage gibt es eine Vielzahl von Möglichkeiten und Stilrichtungen. Die bekannteste nennt sich Shibari oder Kinbaku und kommt aus Japan. Es ist eine wiederentdeckte Fesselkunst der Samurai, die mittlerweile auch in der Kunst und auf den Bühnen Einzug erhalten hat. Zahlreiche Bücher (siehe Anhang) widmen sich diesem Thema.
Solltet ihr Interesse haben, in dieser Richtung etwas auszuprobieren, rate ich dringend vom Selbstversuch ab. Mag das Fesseln an ein Bett noch ohne Probleme funktionieren, sind Aufhängungen (Suspensions) durchaus gefährlich. Selbst beim einfachen Fesseln hat man schnell einen Nerv abgeklemmt, ein Gelenk beschädigt, oder aber ein Kreislaufkollaps beendet das ganze möglicherweise unsanft.
Disziplin beschreibt hingegen das Nutzen körperlicher Züchtigungen, wie es früher zum Beispiel in Internaten üblich war.

Dominanz und Submission

Beschreibt Praktiken, die mit Macht und Unterwerfung spielen. Der Dominante (auch Top, Dom, aktiv genannt) unterwirft und demütigt den Devoten (auch Dev, Button, Sub, Sklave, passiv genannt).

Man bezeichnet damit ein ungleiches Machtverhältnis zwischen Partnern, das von den Beteiligten freiwillig eingegangen wird. Es repräsentiert somit eher die psychische Komponente innerhalb des BDSM.

Hierunter fallen Erziehungsspiele, Petplay (der Passive lebt für einen bestimmten Zeitraum als Tier), Ageplay (z. B. älterer Mann und junges Mädchen), Cuckold (Lustgewinn beim Betrachten von Sexspielen der Partnerin mit Fremden) und Herr-Sklave-Beziehungen.

Diese Spiele können gelegentlichen Charakter (Spielbeziehung) haben, aber auch das komplette Leben umfassen. Umfassen sie das komplette (auch alltägliche) Leben, nennt man das eine 24/7-Beziehung, weil sie 24 Stunden am Tag und 7 Tage die Woche im Alltag integriert gelebt wird. Im Extremfall kann dies bis zur totalen Übergabe des Passiven an den Aktiven gehen. Dann spricht man von TPE (Total Power Exchange). Da all diese Beziehungen emotional und psychisch sehr belastend sein können, gibt es als ausgleichende Elemente die Fürsorge und Hingabe. Erst dieser Spannungsbogen macht das ganze stabil und positiv erlebbar. Diese Beziehungen können so weit gehen, dass die Paare eine Art Sklavenvertrag abschließen oder ihre besondere Art der Beziehung mittels Intimschmuck, Halsbändern und Tätowierungen dokumentieren.

Sklavenverträge findet man im Internet in vielfachen Ausprägungen. Rechtlich verstoßen diese »Sklavenverträge« allerdings gegen die guten Sitten und sind aufgrund dessen nach § 138 BGB nichtig.

Zur Information findet ihr nachfolgend ein Beispiel für einen solchen Vertrag.

Sklavenvertrag

1. Es wird ausdrücklich festgehalten, dass diese Regeln freiwillig eingegangen werden. Sie gelten auch nur während der Treffen, bei denen die Sklavin als Sklavin fungiert.
2. Die Sklavin hat sich stets im Sinne des Herrn zu verhalten. Sie ist stets höflich, zuvorkommend und respektvoll, ihr Blick ist demütig gesenkt. Anderen Herren/innen gegenüber verhält sie sich stets so, dass ihr Herr stolz auf sie ist. Sie darf nur ihren Herrn als »Herr« bezeichnen und ist nur ihm unterstellt. Sollte ein anderer Herr unberechtigterweise etwas von ihr verlangen, so macht sie höflich darauf aufmerksam.
3. Der Herr kann über die Sklavin nach freiem Ermessen verfügen, oder dieses Recht zeitweise auf andere übertragen.
4. Die Sklavin hat ihren Körper ihrem Herrn jederzeit zur Verfügung zu stellen und aktiv an der Befriedigung des Herrn mitzuwirken.
5. Während sie dient, hat sie ihren Herrn mit »Herr« und »Sie« anzureden. In der Öffentlichkeit hat die Sklavin ihren Herrn neutral anzureden, es sei denn, ihr Herr wünscht, dass sie öffentlich dient.
6. Der Herr kann die unterzeichnende Sklavin für Verfehlungen nach seinem Ermessen bestrafen, oder zu seinem Lustgewinn züchtigen.
7. Der Herr garantiert der Sklavin, keinerlei Handlungen vorzunehmen, die bleibende Schäden an Körper und Geist oder im persönlichen Umfeld der Sklavin nach sich ziehen würden.

8. Die Sklavin hat das Recht, um Ausnahmen zu bitten und ist verpflichtet, eventuelle Bedenken zu äußern. Sie hat dies respektvoll zu tun. Beispiel: »Darf ich einen Einwand vorbringen?«
9. Der Herr ist sich darüber bewusst, dass das Wohlergehen der Sklavin von ihm abhängt, und wird alle notwendigen Handlungen vornehmen, um dieses Wohlergehen im Rahmen dieses Vertrages sicherzustellen.
10. Die Sklavin hat sich gemäß den Wünschen des Herrn zu kleiden. Im geschützten Rahmen ist die Sklavin komplett nackt. Dies gilt auch, wenn Freunde anwesend sind. Gibt es keine klaren Anweisungen, bittet die Sklavin darum.
11. Die Sklavin achtet sorgsam auf ihre Körperhygiene. Füße und Hände (Nägel, Hornhaut) sowie das Haupthaar sind stets gepflegt. Der Körper ist bis auf das Haupthaar komplett enthaart. Die Sklavin informiert den Herrn stets über ihre unpässlichen Tage.
12. Die Sklavin beherrscht folgende Grundhaltungen:

Steh	Breitbeiniges Stehen, Hände hinter dem Nacken, Blick zu Boden
Steh bequem	Wie »Steh«, nur mit den Armen hinter dem Rücken
Knie	Kniend, Beine geöffnet, Handflächen liegen nach oben geöffnet auf den Knien, der Blick ist gesenkt, der Rücken gerade
Sitz	Die Sklavin kniet auf allen vieren, Kopf hoch, Mund geöffnet, Beine gespreizt, Hohlkreuz
Platz	Kniend, Oberkörper auf dem Boden, Hände neben dem Kopf

Lieg	Auf dem Rücken liegend, Beine gespreizt und angewinkelt, bereit, den Herrn zu empfangen
Zeig dich	Breitbeiniges Stehen, das Becken wird vorgereckt, die Schamlippen werden mit den Händen auseinander gezogen.

Der Herr

Die Sklavin

Sadismus und Masochismus

Beschreibt Praktiken, die mit lustvollen Schmerzen verbunden sind. Hierbei wird dem Passiven zum Beispiel durch Schläge, Klammern und Wachs Schmerzen zugefügt, die beide Partner als lustvoll empfinden.

In den Medien wird hierfür meistens das Beispiel der bösen Domina gezeigt, die einen reichen Kunden (nicht selten einen Banker) verprügelt.

Das sind Klischees, die da bedient werden (obwohl es das natürlich auch gibt).

Tatsächlich sind nicht immer nur Frauen dominant und Männer devot, vielmehr ist das gegenteilige Verhältnis mindestens ebenso stark vertreten. Zudem gibt es auch sogenannte Switcher, die sowohl aktive wie auch passive Neigungen haben.

Meistens sind diese drei Bereiche des BDSM in der Realität nicht scharf voneinander getrennt, sondern vermischen sich beliebig.

Was BDSM von Körperverletzung, sexueller Nötigung/Vergewaltigung und Beleidigung klar trennt, ist die Einvernehmlichkeit all dessen, was geschieht.

Die BDSM-Szene spricht hier von SSC oder RACK.

SSC bedeutet »Safe, Sane, Consensual«, also »sicher, mit gesundem Menschenverstand und einvernehmlich«.

RACK bedeutet »Risk aware consensual kink« und legt den Schwerpunkt auf die Eigenverantwortung und die Freiwilligkeit. Restrisiken werden sogar bewusst eingegangen.

Viele BDSMer haben aus Sicherheitsgründen einen Code vereinbart, mit dem der/die Passive jederzeit aus dem Spiel aussteigen kann.

Dieser Code kann ein Codewort sein, ein Zeichen oder etwas, das man im Notfall fallen lässt.

Es gibt auch sogenannte Ampelcodes, mit denen der Passive in Schritten signalisieren kann, ob alles in Ordnung ist.

Grün bedeutet hier so viel wie »alles ok«, gelb hingegen signalisiert »Vorsicht, langsam wird es zu heftig«. Fällt aber das Wort »Rot«, bedeutet dies den sofortigen Stopp des Spiels.
Die drei beschriebenen Bereiche sind allerdings in der Realität nicht so scharf abgegrenzt, sondern haben Schnittmengen. Viele Liebhaber von Bondage frönen auch dem Spiel mit Dominanz und Unterwerfung oder mit dem Lustschmerz.

Je nach Fragestellung und Eingrenzung fand man in Studien heraus, dass zwischen 3 und 25 Prozent der Befragten BDSM-Neigungen haben. BDSM beginnt bereits bei einem zärtlichen Spiel mit Plüschhandschellen und Augenbinde und endet in öffentlichen Vorführungen, die Bestrafungen und anschließende Gangbangs (mehrere Männer haben Sex mit der »Sklavin«) beinhalten können.
Rollenspiele, aber auch erotische Aufgaben und Strafen nehmen einen großen Platz bei den »Spielen« ein und haben daher ihren Platz in diesem Buch gefunden.
Wer mehr über BDSM sowie die damit verbundenen Praktiken wissen möchte, dem empfehle ich entsprechende Bücher (siehe Anhang) oder BDSM-Communities und -Magazine. Mittlerweile gibt es auch zahlreiche Workshops, in denen man diese Praktiken und die damit verbundenen Risiken kennenlernen kann. Einen kleinen Schnelldurchlauf findet ihr nachfolgend.

ALLGEMEINES ZU KÖRPERLICHEN STRAFEN, PRAKTIKEN UND FETISCHEN

Bevor es an die vielen Aufgaben und Strafen geht, ein paar allgemeine Informationen zu Körperstrafen.
Es gibt viele Möglichkeiten, einer Person im BDSM-Umfeld einvernehmlich Schmerz oder Demütigung zuzuführen.
Die häufigsten sind Schläge, das Ansetzen von Klammern, Fesseln, alles was pikst oder sticht sowie Kerzenwachs oder auch Reizstromgeräte. Diese Liste ist sicherlich nicht vollständig.

Flagellation

Umfasst alle Arten des Schlagens und Peitschens.
Schmerz und Demütigung sind die Komponenten des Schlagens.
Es wird als Strafe (Demütigung) oder beim Masochisten zum reinen Lustgewinn (Schmerzlust) eingesetzt. Es ist darauf zu achten, niemals auf Gelenke, Ohren, Augen zu schlagen. Hier kann es rasch zu Schädigungen der Nervenbahnen, Sehnen, Knorpel, Bändern und Gelenken kommen. Im Fachhandel gibt es eine Vielzahl von unterschiedlichen Peitschen, Gerten und Whips zu kaufen. Jede erzielt eine andere Wirkung und ist mehr oder weniger vorsichtig zu gebrauchen. Eine drei Meter lange Bullwhip bedarf langer Übung, bevor man sie einsetzen kann, eine einfache Riemenpeitsche hingegen ist sehr leicht zu benutzen.
Tastet euch beim Ausprobieren langsam an die Schmerzgrenze eures Gegenübers heran und testet die Peitsche zuerst bei euch selbst, damit ihr die Wirkung einschätzen könnt. Bei heftigen Schlägen können Spuren unter Umständen tagelang sichtbar sein. Ich empfehle euch, eine Session mit leichten Schlägen und wei-

chen Peitschen zu beginnen. Sobald die Haut leicht gerötet und etwas warm geworden ist, könnt ihr die Härte der Schläge langsam steigern. Wenn ihr gleich mit voller Kraft zuschlagt, ist die Session schneller vorbei als ihr glaubt, weil die Person den Schmerz dann nicht erotisieren und genießen kann.

Bondage/Fixierungen

Umfasst alle Grundarten der Fixierungen, Fesselungen und Knebelungen.
Hierbei kommen sowohl Seile, Gürtel, Riemen, Plastikfolie, Bondagetape sowie Handschellen zum Einsatz.
Das Ziel ist, eine völlige Bewegungslosigkeit oder zumindest eine starke Einschränkung der Bewegungsfähigkeit zu erreichen.
Fesseln geben dem Passiven das Gefühl, ausgeliefert zu sein. Dieses Gefühl wird zur Luststeigerung genützt.
Ausweglose Situationen erfordern eine sehr hohe Sicherheit des aktiven Spielparts. Alle Fesselungen müssen im Notfall schnell lösbar sein und man muss darauf achten, dass keine Nerven oder Adern abgeklemmt werden und dass der Passive immer genügend Luft bekommt. Grundsätzlich keine Seile um den Hals legen. Legt immer eine Schere zur Hand und benutzt Panic Snaps, damit ihr den Gefesselten schnell aus den Seilen und auf den Boden bekommt. Ich empfehle unbedingt vorher einen Kurs zu besuchen, um die Techniken gründlich zu erlernen.

Wachs-Spiele

Das Spiel mit Kerzenwachs fasziniert viele Menschen. Flüssiges Wachs verursacht einen ganz eigenen Schmerz, der je nach Tropfhöhe, Menge oder Kerzentyp stark variieren kann. Die psychologische Komponente (reinigendes Ritual) des Feuers spielt hier eine große Rolle. Verwendet keine Bienenwachskerzen oder Kerzen mit einem hohen Schmelzpunkt. Das kann rasch zu Brandblasen führen. Am besten probiert ihr es zuerst an euch selbst aus, damit ihr die Wirkung einschätzen könnt.

Elektro-Spiele

Für diese Variante benutzt man im Handel erhältliche Elektrisiergeräte, bitte keine Selbstbauten verwenden.

Achtung: den Strom niemals über das Herz fließen lassen. Achtet auch unbedingt darauf, dass zum Beispiel Schweiß, Speichel usw. die Leitfähigkeit der Haut schlagartig erhöhen kann. Dann wird aus einem leichten Kribbeln ein fürchterlicher Schmerz. In der Bedienungsanleitung wird die Anwendung und deren Grenzen in der Regel ausführlich beschrieben sein.

Elektrisiergeräte: In der Regel erlauben die Geräte eine individuelle Steuerung der verwendeten Frequenzen und Stromstärken. Digitale Modelle erlauben es zumeist, verschiedene Betriebszustände stufenlos ineinander übergehen zu lassen, teilweise auch, diese zu speichern oder sie den eigenen Wünschen entsprechend zu modifizieren, um so an die individuellen Wünsche optimal angepasste Reize zu liefern. Neben stationären Modellen gibt es auch kompakte mobile Geräte mit Akkus oder Batterien. Einige mobile Geräte verfügen zusätzlich über Funkfernsteuerungen mit teilweise mehreren hundert Metern Reichweite oder lassen sich durch interne Mikrofone oder die Signale externer Musikquellen steuern. Die Mehrheit der verwendeten Geräte weist zwei getrennte, einzeln ansteuerbare Kanäle auf. Einige einfache Geräte verfügen nur über einen einzigen, viele stationäre Geräte über mehr als zwei Kanäle.

Grundsätzlich setzt die gewünschte Wirkung des im Gerät erzeugten Signals nur ein, wenn der Stromkreis geschlossen wird.

Hierbei dient der menschliche Körper als finaler Leiter zwischen den beiden Elektroden, in dessen Nerven in Folge die gewünschte Wirkung induziert wird.
Es gibt verschiedene Varianten, wie man die Elektroden am Körper befestigen kann:

- Klammern
- Klebepads
- Schlingbänder
- Plugs und Dildos
- Sonden
- Elektrisierräder/Wartenbergräder
- Handschuhe

Es gibt unterschiedliche Anwendungsvarianten:
Eine Variante ist die direkte Stimulation der primären Geschlechtsorgane. Hierbei werden Elektroden an der Scheide, Penis, Damm oder Hodensack angebracht und dann direkt elektrische Ströme angelegt.
Eine andere ist, ähnlich dem Muskeltraining durch Reizstrom, die Elektroden nahe den Geschlechtsorganen anzubringen und diese durch den Durchfluss indirekt zu stimulieren (z. B. jeweils eine Elektrode auf der Innenseite der Schenkel).
Beim Mann wird häufig eine Elektrode in den Anus eingeführt. Durch die elektrische Stimulierung der Prostata kann es dabei zu einer Ejakulation kommen (Elektroejakulation), die von einem Orgasmus begleitet wird.
Die Manipulation der Stromstärke und der Pulsfrequenz kann zu subjektiv unterschiedlich wahrgenommenen Effekten führen. Bei niedriger Stärke und hoher Frequenz kann der Reiz bei Platzierung einer Elektrode auf der Klitoris mit dem eines Vibrators verglichen werden; hohe Stärke bei niedriger Frequenz erinnert an einen Griff an einen Elektrozaun. Die Empfindungen reichen

bei hohen Frequenzen von einem Kitzeln oder Prickeln bis zu einem stechenden Gefühl wie von vielen Nadeln, bei niedrigen Frequenzen von einem Pochen bis zum sprichwörtlichen elektrischen Schlag.

Gefahren: Elektrostimulation kann bei Missbrauch zu Gewebeschäden und sogar zum Tod führen. Das größte Risiko ist ein elektrischer Schock. Der menschliche Körper reagiert empfindlich auf elektrische Ströme. Schon relativ kleine Spannungen (unter 40 Volt) können unter ungünstigen Bedingungen (starker Schweiß und damit gute elektrische Leitfähigkeit) zu tödlichen Verletzungen führen. Dies liegt zum einen daran, dass die Signalleitung der Nerven im menschlichen Körper vereinfacht eine Form von elektrischen Signalen ist. Werden dem Körper nun extern elektrische Signale zugeführt, so können die körpereigenen Signale gestört werden und es kann zum Beispiel zu Herzkammerflimmern kommen. So wird generell davon abgeraten, Elektroden oberhalb der Gürtellinie anzuwenden. Insbesondere das Legen einer elektrischen Verbindung durch jeweils eine Elektrode an einer Brustwarze gilt wegen der Nähe zum Herzen als riskant. Eine andere Verletzungsart durch elektrische Ströme sind innere Verbrennungen, die durch die Energiedichten der elektrischen Leistung hervorgerufen werden können (dies speziell durch den sogenannten Skineffekt bei höherfrequenten elektrischen Strömen). Die letzte Verletzungsart durch elektrische Ströme ist die Möglichkeit einer Vergiftung, die durch dissoziierte Eiweißmoleküle oder Produkte der Elektrolyse hervorgerufen werden kann. Dies ist meist die Folge lang andauernder Durchströmung und kann auch Stunden nach einem elektrischen Schlag noch zum Tode führen.

Das Risiko einer elektrischen Verletzung erhöht sich durch die Verwendung ungeeigneten Elektrodenmaterials, durch mangelhaften

Kontakt. Dadurch ist die punktuelle Belastung des Kontaktareals zu groß. Erkennbar ist dies dann an Hautrötungen, Verfärbungen, Blasenbildung oder bei Schleimhaut und Übergangsephitelgewebe durch Ausbildung von Aphthen, Erosionen und Geschwüren. Diese Verletzungen entstehen durch Elektrolyse und die damit einhergehende Denaturierung der Eiweiße, was zum Gewebsschaden oder -untergang führt. Das kann etwa bei analen Praktiken zu erheblichen, lebensgefährlichen Verletzungen führen, die sich eventuell erst spät bemerkbar machen; denn der Darm ist ab einem bestimmten Segment nicht schmerzsensibel – im Gegensatz zum Anus. Somit ist die Gefahr unbemerkter Schäden groß.

Ein Violet Wand (engl., violetter Stab, Violettstab) ist ein auf dem Tesla-Transformator basierendes Gerät zur Verabreichung hochfrequenter Wechselströme mit sehr hoher Spannung und niedriger Stromstärke. Seit den 1990er-Jahren finden die Geräte Anwendung in der BDSM-Szene zur erotischen Elektrostimulation. Bei Abstand zur Haut verursacht er bei der »behandelten« Person leichte Elektroschocks, bei Hautkontakt ein wärmendes Gefühl.

Ein moderner Violet Wand besteht in der Regel aus einem aus Kunststoff gefertigten Handgriff, der über ein mit ihm verbundenes Kabel mit einer Steckdose verbunden wird. Der Handgriff weist zumeist einen Regler zur Steuerung der Intensität und einen Ein/Aus-Schalter auf. Einige Modelle werden über einen zwischen Steckdose und Handgriff geschalteten Fußschalter gesteuert. Manchmal handelt es sich um einen bloßen Ein/Aus-Schalter, einige Fußschalter bieten auch die Möglichkeit, die Stärke des Signals zu regulieren. Die Tesla-Spule besteht aus zwei elektrischen Spulen, einem Kondensator und einem Regelwiderstand im Inneren des Griffs. Die Spitze des Griffs bildet eine Kontaktdose, in die eine Elektrode eingefügt werden kann.

Die Wirkung eines Violet Wand ist nur dann spürbar, wenn eine kurze Distanz zwischen der Elektrode und dem menschlichen Körper besteht. Eine Violettstabelektrode besteht bei modernen Geräten zumeist aus gehärtetem Glas. In ihr versiegelt befindet sich Gas, das bei Benutzung des Gerätes leuchtet und in unterschiedlichen Mischungen unterschiedliche Farbtöne erzeugt. Üblich sind Violett, Rot, Gelb, Blau oder Pink. Auch die Glaselektroden haben unterschiedliche Formen und Größen. Die meisten Glaselektroden haben eine metallische Kontaktstelle, die man direkt in die Kontaktdose des Handgriffs einstecken kann. Bei einigen wenigen ist es notwendig, zunächst einen Adapter in den Handgriff zu stecken, da sie stattdessen über ein Drehgewinde verfügen.

Sicherheit: Die Verwendung von Violet Wands an Trägern von Herzschrittmachern, Insulinpumpen oder anderen elektrisch betriebenen Implantaten kann sehr gefährlich sein. Menschen mit Herzstörungen jeglicher Art oder Nervenschäden sollten Violettstäbe auf keinen Fall benutzen. Im Kontext des BDSM-Konzeptes Safe, Sane, Consensual wird eine Nutzung oberhalb des Halses zumeist in der Literatur abgelehnt. Die Nutzung an Schleimhäuten ist potenziell gefährlich und insbesondere an den Augen generell abzulehnen. Bei längerer Verwendung an der gleichen Körperstelle kann es zu Rötungen und Verbrennungen des Gewebes kommen. Bei Anwendung im Körperinnern besteht eine erhebliche Gefahr, dass die verwendete Glassonde zerbricht.
Violet Wands erzeugen geringe Mengen ultravioletten Lichtes. Sie werden daher auch Ultraviolettstäbe genannt. Die im Inneren erzeugte UV-Strahlung wird weitgehend durch die Glaswand absorbiert und kann so keinen Sonnenbrand auf der Haut verursachen. Elektrisiergeräte sind im Erotikfachhandel oder im Medizinbedarf

erhältlich. Bitte achtet darauf, diese Geräte nur entsprechend der Anwendungshinweise der Hersteller einzusetzen.*

Tazapper: Ein Tazapper sieht aus wie eine kurze Peitsche oder ein kurzer Stock. Im Handgriff sind Batterien enthalten. Drückt man auf den Knopf, entsteht an der Spitze des Tazappers zwischen zwei Elektroden ein elektrischer Blitz, der dann auf die Haut überspringt. Es gibt einen kleinen Knall und die Person erhält einen elektrischen Schlag. Die Stärke kann eingestellt werden.

Sicherheit und Gefahren: Siehe oben.

Klammern

Klammer üben durch die Quetschung einen punktuellen Schmerz aus. Nach zirka zwei Minuten ist die Blutzufuhr im betroffenen Gewebe unterbrochen. Nimmt man nun die Klammer ab, fließt das Blut zurück und der Schmerz steigert sich nochmals. Es gibt eine Vielzahl von unterschiedlichen Klammern. Beliebte Stellen für das Ansetzen von Klammern sind die Brustwarzen, Schamlippen oder Hoden und Penis. Achtet darauf, dass die Klammern nicht zu lange angesetzt bleiben. Vor allen Dingen bei starken Klammern kann es sonst zur Schädigung des geklammerten Bereiches kommen.

Klinikerotik

Unter Klinikerotik versteht man Rollenspiele aus dem Bereich der Medizin (z. B. Ärztin–Patient, peinliche Untersuchungen). Hierbei kommen Spekulum, Klistier, Katheter, Vakuumgeräte, Elektrostimulationen zum Einsatz.
Darunter fallen auch Analdehnungen, Nadelspiele, Fremdkontrolle des Körpers.

---

* Quelle: Wikipedia.

Rubber/Gummi-Fetisch

Ist das Spiel mit dem Material Latex. Darunter fallen Masken, enge Latexkleidung und Latexsäcke jeglicher Art. Der Kick hierbei ist es, seine eigene Identität abzugeben und in ein anonymes Objekt (Puppe, Gummisklave) verwandelt zu werden. Es kommen hierbei restriktive Kleidungsstücke zum Einsatz. Darunter versteht man u. a. Korsetts, Halskrausen, hohe Schuhe, aufblasbare Masken ... Alles was einengt und das Schwitzen fördert.

Toilettensex

Darunter versteht man alle Spiele mit Urin und/oder Kot. Achtet darauf, dass gerade Kot eine hohe Konzentration von Pilzen und Bakterien enthalten kann. Ein geschwächtes Immunsystem ist da schnell überfordert.

Augenbinden

Augenbinden »klauen« dem Passiven einen wichtigen Sinn. Schon nach kurzer Zeit beginnt der »Blinde« alle anderen Sinne viel schärfer wahrzunehmen. Jede Berührung wird intensiver, der Geruchs- und Gehörsinn wird schärfer und die Wahrnehmung verändert sich. Die Person muss darauf vertrauen, dass alles, was geschieht, gut sein wird. Daher unterstützt eine Augenbinde das »Fallenlassen« und intensiviert das Erlebnis. Es gibt allerdings auch das Restrisiko einer Panikattacke oder eines aufkommenden Angstzustandes.

Knebel

Es gibt unterschiedliche Knebel, um einer Person das Reden unmöglich zu machen oder zumindest deutlich zu erschweren. Gängig sind Ball- und Ringknebel, es gibt aber auch Trensen (wie beim Pferd) oder Knebel, die wie ein kleiner Penis aussehen. Zudem kann man natürlich auch ein Tuch oder einen Strumpf ver-

wenden und zusätzlich einen Stofflappen oder Slip in den Mund stecken.
Achtet bitte darauf, dass manche Menschen Panikattacken bekommen können und Würgereize entstehen. Sollte sich die Person dann übergeben müssen, ist das durchaus gefährlich.

Würgereizspiele

Nun kommen wir zu den Würgereizspielen. In der BDSM-Szene sind solche Spiele recht weit verbreitet. Ein fester Griff an den Hals, das Verschließen von Nase und Mund, Luftarmut, Orgasmus ...
Allerdings gibt es dabei auch Risiken. Das größte Risiko ist der sogenannte Karotis-Sinus-Reflex.
Der Karotis-Sinus-Reflex wird durch Druck auf die Halsschlagader im Bereich der Karotisgabel ausgelöst. An dieser Stelle misst der Körper seinen eigenen Blutdruck. Bei einem Druck- oder Schlagreiz interpretiert dies der »Sensor« als erhöhten Blutdruck im Körper. Der Körper reagiert und senkt schlagartig Pulsfrequenz und Blutdruck. Dies kann in seltenen Fällen zur kurzen Bewusstlosigkeit und zum vorübergehenden Aussetzen des Herzschlags führen. Es gab auch schon (wenn auch selten) Todesfälle.
Daher bitte ich euch um große Vorsicht!
Legt unbedingt eine Schere bereit, um notfalls sofort reagieren zu können, und bleibt permanent bei der Person, bis sie wieder befreit wurde.
Kleiner Tipp: Gebt der Person ein kleines Glöckchen in die Hand, die es im Notfall fallen lassen kann.

Nadeln und Cutting

Auch das Durchstechen oder Einschneiden der Haut ist eine (wenn auch eher seltene) Praxis im Bereich BDSM. Hierbei werden Nadeln durch die oberen Hautschichten, Hautlappen oder durch Brustwarzen gestochen oder mit einer Klinge eingeritzt. Es ist darauf zu

achten, nur steril zu arbeiten und nicht zu tief zu schneiden. Auch sollte ein Bluter von dieser Art von Spielen Abstand nehmen.
Geeignete Stellen sind die Brust, der Po und alle Stellen, an denen genügend Gewebe vorhanden ist. Meistens werden nur die obersten Schichten eingeritzt bzw. durchstochen.
Eine besondere Form sind Nervenräder aus der Medizintechnik. Diese gibt es in verschiedenen Ausführungen und mit ihnen können oberflächliche Schmerzreize verabreicht werden.

Branding

In jedem Cowboyfilm sieht man, wie ein Rind gebrandmarkt wird. Im Mittelalter hat man Menschen mit Brandeisen gefoltert oder als Dieb dauerhaft gekennzeichnet. Das Branden ist nicht ganz einfach und sollte wirklich nur von einer Person durchgeführt werden, die davon Ahnung hat. Gebrandet werden nur die oberen Hautschichten bis maximal zur Lederhaut. Generell sind kleine, geschlossene Formen wie zum Beispiel ein O oder D nicht geeignet, um mit einer Form gebrandet zu werden. Meistens hat man am Ende nur eine große runde Narbe. Formen werden in der Regel in mehreren Durchgängen (Multi-Stroke) gebrandet. Auch hier muss steril gearbeitet werden und eine gute Wundversorgung (Infektionsrisiko) gewährleistet sein. Da die Haut etwas sehr eigenes ist, weiß man nie, wie das Branding am Ende aussehen wird. Das ist abhängig vom Hauttyp, Brandingvorganges und des Heilungsverlaufes.

Plugs

Plugs werden in den Anus eingeführt. Durch ihre spezielle Form können sie dort verbleiben. Sie dienen zur sexuellen Stimulation oder zur Vorbereitung vom eigentlichen Analverkehr.
Der Plug unterscheidet sich vom Dildo bzw. Vibrator durch seine Form. Er ist am einen Ende abgerundet und konisch geformt,

um mit etwas Gleitgel einfach eingeführt werden zu können. Anschließend verjüngt er sich wieder, um dann erneut wieder dicker zu werden. Es entsteht eine Verjüngung, um die sich der Schließmuskel schließt. Durch diese Form wird erreicht, dass der eingeführte Plug von selbst an seinem Bestimmungsort verbleibt. Die Verwendung erfolgt in der Regel als Mittel der (Vor)Dehnung, das heißt als Vorbereitung für einen schmerzfreien Analverkehr. Der Plug wird also vor dem Analverkehr langsam in den Anus eingeführt und verbleibt dort für einige Minuten. (Eventuell vorher mit einem Finger und Gleitgel etwas vordehnen.) Schiebt den Plug nicht einfach mit Kraft und ohne Gleitgel in den Po hinein, weil die Person ansonsten solche Schmerzen spürt, dass sie »aussteigt«. Das gleiche gilt im Übrigen auch für Analverkehr. Viele Menschen genießen die Lust an der hinteren Pforte, wenn man es richtig macht. Diese Vorbereitung führt zu einer leichten Dehnung des Anus und zur Entspannung der Rektalmuskeln und das Eindringen des Penis wird somit erleichtert. Im BDSM-Bereich werden Plugs manchmal auch als »Strafe« eingesetzt.

Im Anhang findet ihr eine Liste von Büchern zum Thema »BDSM-Praktiken«.

WIE ANFANGEN?

In diesem Kapitel möchte ich kurz darauf eingehen, wie man das Thema »erotische Aufgaben und Strafen« seinem Partner näherbringt. Auch ein paar Hinweise zur Partnersuche und zur Suche nach Mitspielern möchte ich hier einstreuen.

Wie sage ich es meinem Partner?

Da sitzt man nun mit seinen Fantasien und fragt sich, ob es eine Möglichkeit gibt, diese auszuleben – oder wenigstens Informationen darüber zu erhalten.

Als ich etwa 14 Jahre alt war, erging es mir mit meiner SM-Neigung ähnlich.

Es war verwirrend und ich konnte auch schlecht einfach mit den Schulfreunden darüber sprechen, ohne als Mobbingopfer zu enden. Es blieb mir also nichts anderes übrig, als irgendwie anders an Informationen zu gelangen. In den 1970er-Jahren gab es jedoch kaum gute und entsprechende Literatur, und das Internet war auch noch nicht erfunden.

Kaum zu glauben, oder?

Bill Gates hatte gerade sein Studium hingeworfen, Steve Jobs war in Indien und beschäftigte sich mit Buddhismus, der Vorgänger des Internets (ARPANET) lief mehr schlecht als recht und das Wort »Webbrowser« sollte erst 15 Jahre später die Welt erobern.

Die Buchhändlerin schaute mich kleinen Stöpsel etwas seltsam an, als ich »Die Geschichte der O« bestellen wollte. (Ich habe das Buch aufgrund meines Alters dann erst ein paar Jahre später bekommen.)

Ich wusste zu dieser Zeit aber bereits, dass ich in Sachen Sex irgendwie anders tickte als meine Freunde.

Mit 16 konnte ich dem ganzen dann endlich einen Namen geben: »Ich bin Sadomasochist.«
So weit, so gut.
Aber ich war ein einsamer Sadomasochist.
Und ich war schrecklich feige und kompliziert.
Meine erste richtige Freundin (also so mit Anfassen und Pimpern) traute ich mich nicht zu fragen.
Irgendwann ergriff sie selbst die Initiative und wollte gefesselt werden, so mit Augenbinde usw.
Da verstand ich zum ersten Mal, wie wichtig Kommunikation in der Erotik ist.
Mittlerweile habe ich vieles von dem erlebt, was ich mir als Jugendlicher in meinen Masturbationsfantasien vorgestellt hatte. Ich war in Swingerclubs, auf BDSM-Partys, habe selbst Partys organisiert und Fantasien umgesetzt. Orgien und Gruppensex bereicherten mein Leben, aber auch die vielen kleinen BDSM-Spiele mit Aufgaben und Strafen.
Jetzt kannst du dir auch schon vorstellen, wo ich meine Ideen für dieses Buch gefunden habe.

Heutzutage ist in diesem Bezug alles viel einfacher geworden.
Das Internet bietet unzählige Möglichkeiten, mit Gleichgesinnten in Kontakt zu treten (davon später mehr) und wenn man sich nicht allzu ungeschickt anstellt, lernt man auch früher oder später jemanden kennen, der gerne mitmacht.
Ganz frei nach dem Motto: »Pervers ist, wenn keiner mehr freiwillig mitmacht!«
Doch kommen wir nun zu der Frage, wie man vorgehen kann, wenn man einen festen (Lebens)Partner hat, der noch nichts von den geheimen Fantasien und Wünschen weiß.
Wie wird mein Partner darauf reagieren, wenn ich ihn mit meinen sexuellen Wünschen konfrontiere?

Es gibt ein paar einfache Ideen, wie man sich langsam oder eben forsch vorantasten kann.
Ein paar davon habe ich hier für euch aufgelistet:

- Schaut euch zusammen einen entsprechenden Film an. Es muss nicht unbedingt ein Porno sein, denn es gibt auch wirklich gut gemachte Filme, die sich mit dieser Thematik auseinandersetzen. Eine Liste dazu findet ihr im Anhang. Nach dem Anschauen des Films ist ein guter Zeitpunkt, darüber zu reden. (»Schatz, würdest du so etwas auch mal gerne erleben?«)
- Schenkt eurem Partner ein Buch zu diesem Thema, idealerweise einen spannenden und erotischen Roman. Auch hierzu findet ihr im Anhang eine Liste mit Vorschlägen. Nachdem sie/er es gelesen hat, kann man vorsichtig ansprechen, ob sie/er so etwas auch mal erleben möchte.
- Der Mutige macht einfach einen Vorschlag. (»Du, Schatz, heute Abend gehen wir mal in einen Swingerclub. Mal schauen, was da so los ist.«) Selbst wenn der Partner nicht mitgeht, hat man das Thema angesprochen und es wird sich sicherlich eine interessante Diskussion daraus entwickeln.
- Man wünscht sich vom Partner zum Geburtstag einfach eine Liste seiner sexuellen Fantasien. Nun muss sich der Partner Gedanken darüber machen. Auch das kann ein guter Beginn sein.
- Frage deinen Partner, ob er sich mit dir zusammen in einer Erotik-Community anmeldet. Nur mal so aus Neugierde. Auch das ist ein schöner Startpunkt. Solltest du noch einen Partner suchen, sind die Communitys ebenfalls eine gute Alternative.

Wichtig dabei ist, dass man dem Partner nicht das Gefühl gibt, dass der Sex mit ihm langweilig ist, sondern dass es um eine Weiterentwicklung geht und um das Ausleben von (noch geheimen) Fantasien.

Die meisten Menschen haben Fantasien, über die sie nicht reden, weil es ihnen peinlich ist oder sie (eine anerzogene) Angst vor Zurückweisung haben. Viele Menschen träumen von bisexuellen Erfahrungen, von Erfahrungen mit zwei Frauen oder Männern oder von Sex mit einem Fremden.

Und manchmal will man eben nicht den zärtlichen Blümchensex, sondern es muss krachen. Klaps auf den Po und ab geht der Express. Auch haben viele Frauen erotische Überwältigungsfantasien. Nicht umsonst hat der Film »9 ½ Wochen« einen so großen Erfolg gehabt.

Ich bin der Überzeugung, dass es wenige Fantasien gibt, die man nicht in die Realität umsetzen kann. Das soll jetzt nicht heißen, dass in der Realität alles so gut ist, wie es sich während der Vorstellung im Kopfkino anfühlt.

Aber das weiß man ja erst, wenn man es ausprobiert hat.

Vor ein paar Jahren wurde bei einer Straßenbefragung einigen Paaren die Frage gestellt: »Hattet ihr schon mal Sex mit einem Vibrator?«, und bei 25 Prozent lautete die inbrünstige Antwort der Männer: »Ein richtiger Mann braucht so etwas nicht!«

Die Verwendung eines Vibrators hat meines Erachtens nichts mit fehlender Männlichkeit zu tun.

Ich kann ja Schnitzel mögen, aber mit Pommes schmeckt es doch einfach besser, oder?

Und wenn ich dann noch einen Salat dazu bekomme ... und Ketchup.

Also, öffnet euch euren Fantasien und Wünschen.

Seid experimentierfreudig!

Ein guter Einstieg ist auch der Besuch entsprechender Partys oder Stammtische. Diese finden inzwischen regelmäßig in fast allen größeren Städten statt. Der Vorteil daran ist, dass man sich im Hintergrund halten und die anderen beobachten kann.

Es gibt ja keinen Zwang, mitmachen zu müssen.
Auf diesem Wege besteht auch die Möglichkeit, Kontakte zu anderen zu knüpfen und seine Fragen loszuwerden. Ebenfalls können unter Umständen erste reale Erfahrungen gesammelt werden, wenn dies gewollt ist. Dies gilt für Paare genauso wie für Einzelpersonen, die noch auf der Suche nach einem Partner sind.

WIE BZW. WO FINDE ICH MITSPIELER ODER EINEN PARTNER?

Da das Finden eines geeigneten Mitspielers oder gar Partners nicht ganz einfach ist, möchte ich der Partnersuche ebenfalls ein paar Worte widmen.
Die Partnersuche oder auch die Suche nach einer Affäre findet heute zu großen Teilen im Internet statt. Es gibt inzwischen zahlreiche Foren und Communitys, in denen sich mit den unterschiedlichsten sexuellen Vorlieben und Wünschen auseinandergesetzt wird. Viele davon bieten, neben der Möglichkeit, einen Partner zu finden, auch eine Art Terminkalender. Dort findet man Informationen zu realen Veranstaltungen.

Wie finde ich gute Communitys im Internet?

Kennt man sich in der Welt der Foren und Communitys noch nicht gut aus, stellt sich zunächst wohl die Frage, was eine »gute« Seite auszeichnet. Was gut ist und was nicht, wird sicherlich sehr individuell wahrgenommen. Dennoch gibt es natürlich ein paar kleine Grundregeln, die bei der Wahl einer geeigneten Community helfen können. Nachfolgend nenne ich ein paar davon, wobei ich mich auf die für mich wichtigsten beschränken möchte:

- Die guten Seiten finden sich meistens unter den ersten vier Seiten der Suchergebnisse in den Suchmaschinen. Die große Mitgliederzahl und vor allem die Anzahl der aktuellen Postings in den Foren sorgen in der Regel für die gute Platzierung.
- Seiten, bei denen man zahlen muss, um überhaupt eintreten zu können, würde ich meiden. Wer kauft schon gerne die Katze im Sack?

- Seiten, die vom Erscheinungsbild unprofessionell wirken, taugen meistens auch nicht viel.
- Gute Seiten können auch ohne Mitgliedschaft teilweise genutzt werden. Durch Bezahlung erhält man lediglich mehr beziehungsweise bessere Möglichkeiten.
- Gute Seiten haben neben der klassischen Kontaktbörse auch ein entsprechend gut gefülltes Forum. Schreiben dort nur wenige bzw. immer nur die gleichen User oder gibt es kaum Antworten auf Fragen, ist dieses Forum wohl »tot«.
- Auch eine Chatfunktion ist ein gutes Zeichen. Hier gilt allerdings ebenfalls: Ist der Chat leer, taugt die Seite zur Partnersuche nichts.
- Werbeaufkommen: Viele Seiten haben Nebeneinkünfte durch Werbebanner. Das ist natürlich legitim. Werden hierbei aber massenweise Popups benutzt, oder ist die komplette Seite damit zugepflastert, ist das kein gutes Zeichen.
- Strotzt die Seite zudem von professionellen Erotik-Dienstleistungen, ist das meistens auch kein gutes Zeichen. Nichts gegen Sexworker, die eine wichtige Funktion in unserer Gesellschaft haben. Sucht man aber private Kontakte, ist dieses Forum sicherlich nicht das Richtige.
- Setzt der Betreiber AVS-Systeme (Altersnachweis) ein, ist das hingegen ein gutes Zeichen, da er seinen Jugendschutzverpflichtungen nachkommt. Sind diese dann noch kostenlos, ist es umso besser. Manche fordern eine Ausweiskopie oder ein Foto mit einem speziellen Hinweis an. Die guten sind sogar TÜV-geprüft.

Alle Communitys haben eines gemeinsam: Man hat die Möglichkeit, ein eigenes Profil anzulegen.
Sowohl das erstellte Profil, als auch das Benehmen in der Community allgemein, sind ausschlaggebend für den Erfolg oder Misser-

folg bei der Suche. Für die Anmeldung benötigt man in der Regel nur eine eigene E-Mail-Adresse. Verwendet hierfür bitte keine berufliche E-Mail-Adresse, da dies zu ungewolltem Ärger mit dem Arbeitgeber führen kann.

Wie sieht ein gutes Profil aus?

Die Frage, wie ein gutes Profil gestaltet werden sollte, ist eigentlich auch recht einfach zu beantworten. Zunächst ist das wichtigste, dass das Profil dich beschreibt und den anderen Mitgliedern einen ersten Eindruck darüber vermittelt, wer und wie du bist. Überdies ist es oft hilfreich, wenn du zusätzlich zum Profiltext ein Bild von dir einstellst. Idealerweise handelt es sich dann bei diesem Bild um eines, bei dem auch dein Gesicht erkennbar ist. Möchtest du aus Angst vor Entdeckung dein Gesicht jedoch nicht jedem zeigen, ist dies natürlich nachvollziehbar.

In einem solchen Fall gibt es beispielsweise die Möglichkeit, eine Rückenansicht von dir zu präsentieren. Auch ein verfremdetes Gesichtsbild kann eine Ausweichmöglichkeit darstellen, wobei hierbei von einfachen Verfremdungsformen wie »Gesichtsbalken« eher abzuraten ist. Lass deine Fantasie spielen und denk dir etwas Künstlerisches aus, denn schließlich »isst das Auge mit«.

Überdies solltest du darauf achten, dass die von dir eingestellten Fotos eine akzeptable Qualität aufweisen. Stark verwackelte oder unscharfe Bilder hinterlassen einen merkwürdigen Beigeschmack beim Betrachter. Auch seltsame Schnappschüsse oder Standardbilder (wie etwa der Klassiker des auf der Motorhaube sitzenden, johlend die Bierflasche hochhaltenden Menschen) sollten besser vermieden werden.

Die meisten Communitys bieten außerdem die Möglichkeit, Bilder in einem geschützten Bereich hochzuladen. Dies bedeutet, dass du diese Bilder dann ausgewählten Personen zur Ansicht freischalten kannst und sie somit nicht für jedermann sichtbar sind. Auch das ist, im Falle einer Kontaktanbahnung, eine gute Möglichkeit »Gesicht zu zeigen«.

Ganz generell gibt es jedoch eine Regel, die über allem schwebt: Sei ehrlich!

Mache dich nicht schlanker oder größer als du bist.

Mache dich auch weder jünger noch älter.

Schreib etwas zu deinen Fantasien und, wenn vorhanden, auch zu deinen bisher gemachten Erfahrungen. Achte hierbei aber darauf, dass es nicht so rüberkommt, als würdest du protzen, denn damit wird oft das Gegenteil von dem erreicht, was man eigentlich erreichen möchte.

Auch interessante Hobbys, die du möglicherweise hast, sind immer eine gute Information.

Aber bitte: Briefmarkensammlungen, Gartenzwerge und ähnliches sind damit nicht unbedingt gemeint.

Dein Profil ist deine Visitenkarte. Wirkt es nicht auf Anhieb interessant, klicken die meisten einfach weiter, ohne mit dir in Kontakt zu treten. Deshalb solltest du dir beim Erstellen deines Profils wirklich Mühe geben und auch ruhig etwas Zeit dafür investieren.

Wie benimmt man sich in einer Community?

Das Benehmen in einer Community sollte nicht anders sein als im normalen Leben. Höflichkeit ist geboten und wird erwartet. Sei Anfangs also etwas zurückhaltend, bring dich und deine Meinung aber immer wieder mit ein.

Bist du männlich und möchtest keine netten Kontakte knüpfen, halte dich an die Klassiker schlechten Benehmens im Chat:

- Ist eine Sie aus xxx da, die heute Lust auf Sex hat?
- Suche eine Frau für ...

Ebenfalls verringert das ungefragte Zusenden von Aktbildern die Chancen darauf, nette Kontakte zu Frauen zu knüpfen, auf nahezu Null. Außerdem solltest du auch darauf verzichten, die Damenwelt gleich mit deinen Wünschen nach Aktbildern von ihnen zu konfrontieren, da dies selten als Kompliment verstanden wird, sondern meistens eher aufdringlich oder gar übergriffig rüberkommt.
Erfolg braucht Geduld. Es ist wichtig, etwas Zeit zu investieren und sich im Forum an Diskussionen zu beteiligen. Auch regelmäßiges Chatten kann hilfreich sein, wenn du dort nicht gleich mit der Tür ins Haus fällst. Im Chatraum gibt es unter anderem eine Funktion, mit der man ein privates Gespräch führen kann. Es ist jedoch eine Unsitte, dies ungefragt zu tun.

Die Chancen und Angebote kommen irgendwann wie von selbst, wenn du durch gutes Benehmen und eine rege Beteiligung auffällst.
Ich betone noch einmal: Es verhält sich mit Communitys bezüglich der höflichen Umgangsformen wie mit dem realen Leben, in dem ihr ja auch nicht in ein Restaurant rennt und »FICKEN?« in den Raum schreit, oder?
Bleib also immer authentisch. Versuche nicht, etwas darzustellen, was du nicht bist.
Bleib natürlich, mit all deinen Stärken und Schwächen.
Denn spätestens beim ersten realen Treffen fliegst du sonst als Lügner auf.
Und das spricht sich auch in den Communitys rasch rum ...

Als registriertes Mitglied ist es in den Communitys in aller Regel möglich, auch die Profile anderer Mitglieder anzuschauen.
Lies dir die Profile zunächst richtig durch und widerstehe der Versuchung, sofort eine Mail loszuschicken.

Findest du dort wirklich einen Hinweis darauf, dass du zu dieser Person passt?
Oder findet sich gar ein Hinweis darauf, dass eine Kontaktaufnahme generell unerwünscht ist?
Eine kopierte Massenmail an alle potenziell infrage kommenden Partner zu versenden geht meistens schief.
Manchmal ist ein netter Kommentar im Gästebuch der bessere Weg. Aber egal ob Gästebuch oder Mail: Nimm Bezug auf den Inhalt des Profils, denn so zeigst du, dass du nicht nur die Bilder angeschaut, sondern das Profil auch gelesen hast und dich für die Person interessierst.
Du bekommst nicht gleich eine Antwort auf deine Mail und wirst langsam sauer?
Ja, das kommt vor.
Den größten Fehler, den du nun begehen kannst, ist, eine böse Mail hinterher zu schicken.
Es gibt nur ein paar wenige Gründe, warum dir jemand nicht antwortet:

- Die Person hat kein Interesse an dir und antwortet deshalb nicht (das änderst du auch nicht durch eine weitere Mail).
- Die Person hat deine Mail noch gar nicht gelesen. Gerade Frauen bekommen täglich viele Zuschriften und manchmal dauert es eben ein paar Tage.
- Die Frau ist sich noch unsicher oder hat gerade keine Zeit. Dann warte ab. Wenn sie Interesse hat, wird sie sich melden.

Oder aber: Hast du auf eine Mail von dir eine ablehnende Reaktion erhalten?
Auch hier gilt es, dies zu akzeptieren. Versuche nicht, dein Gegenüber weiter von dir zu überzeugen oder gar zu überreden. Solche Versuche werden dir nicht den gewünschten Erfolg bringen. Im

Gegenteil: du landest schneller auf der »Ignore-Liste« (eine Funktion, die es ermöglicht, bestimmte User und deren Postings und Nachrichten für sich unsichtbar zu machen) als du gucken kannst. Da viele der User auch untereinander in privatem Kontakt stehen, spricht sich ein solches Verhalten unter Umständen schnell herum, was wiederum deine Chancen bei anderen Mitgliedern rapide sinken lassen kann.

Auch und gerade im Internet stehen und fallen deine Chancen mit deinem generellen Auftreten. Benimmst du dich daneben, verbreitet sich dies unter den Mitgliedern in der Regel recht schnell! Vergiss bitte nie: Hinter jedem Profil versteckt sich ein Mensch, also behandle ihn auch so.

Gefahren und Risiken

Auch wenn man in einigen Medien regelmäßig vor möglichen Übergriffen von und bei Blinddates und Internetbekanntschaften gewarnt wird, kommt dies meines Erachtens in der Realität doch gar nicht so häufig vor.
Dennoch ist es völlig richtig, Vorsicht walten zu lassen, weil ja leider auch hier »Ausnahmen die Regel bestätigen«.
Daher ist es gut, dass gerade Frauen ein paar Regeln beachten.
Da ist nun also dieser tolle Typ aus dem Internet. Er sieht gut aus, ist intelligent, eloquent, gebildet, wohnt in der Nähe, hat einen tollen Job und ist sogar noch Single. Zudem ist er sooo einfühlsam und überhaupt.
Ok, bereits hier sollten die ersten Alarmglocken läuten, weil das in der Regel selten alles so zutreffend ist. Die Chance, der »eierlegenden Wollmilchsau« über den Weg zu laufen, ist nun mal leider ziemlich gering.
Was ich damit sagen will, ist, dass im Internet durchaus auch geschönt und gelogen wird und der Prinz aus dem Internet sich

somit schnell in seinen kleinen Bruder (oder gar in den Gaul vom Gnadenhof) verwandeln kann.

Aber zurück zum Thema: Da hat man nun also diesen tollen und interessanten Menschen kennengelernt.

Der nächste Schritt ist dann natürlich ein reales Treffen.

Blinddates sind ja sicherlich interessant, und sich gleich beim ersten Treffen in eine erotische Situation zu bringen ist Kopfkino pur.

Es gibt aber leider immer ein Restrisiko (das ist das Risiko, das dir dann den Rest gibt).

Diese Risiken können aber minimiert werden.

- Telefoncheck: Telefoniere mit dem Erwählten über das Festnetztelefon. Schon an der Stimme kann man erfühlen, ob es »passt«. Zudem hast du nun schon mal seine Heim-Telefonnummer. Wenn er sie nicht rausrücken möchte, besteht die Möglichkeit, dass er verheiratet ist oder sich zumindest in einer festen Lebenspartnerschaft befindet.
- Lass dir seine Adresse geben und überprüfe sie auf Richtigkeit. Du kannst ja schon ein paar Tage vorher kurz vorbeifahren und das Namensschild überprüfen. Gibt er Dir seine Adresse nicht, ist auch das kein gutes Zeichen. Wobei man ihm durchaus auch zugestehen muss, mit seinen privaten Daten vorsichtig zu sein.
- Lass dich covern und teile deinem Prinzen dies auch mit. Covern bedeutet, dass eine Vertrauensperson von dir weiß, wo du bist, und die Kontaktdaten des Prinzen besitzt. Ein kurzer Anruf, bevor du das Haus betrittst und ein weiterer Anruf, wenn du das Haus wieder verlässt, informiert deine Vertrauensperson darüber, dass alles gut läuft. Manche vereinbaren auch, dass, wenn nach drei Stunden kein Anruf erfolgt, die Polizei einzuschalten ist. Das kann allerdings lustig enden, wenn man vor lauter Erotik die Zeit vergessen hat. Also im Falle einer solchen

Absprache lieber das Mobiltelefon anlassen, damit die Vertraute kurz den verabredeten Kontrollanruf tätigen kann.

- Kannst du niemanden einweihen, so sag deinem Prinzen trotzdem, dass du gecovert wirst. Er kann es ja nicht kontrollieren. Ein Briefumschlag bei dir zu Hause mit seinen Kontaktdaten usw. hilft im Ernstfall zumindest der Polizei, dich zu finden. Einige gute Communitys bieten zudem auch einen Coverservice an.
- Vielleicht habt ihr ja auch gemeinsame Bekannte. In einem solchen Fall kannst du diese kurz fragen, ob dein Prinz wirklich »ok« ist.
- Eventuell ist für ein erstes Treffen auch eher neutraler Boden wie ein Restaurant oder ein Café anzuraten.

Das kann natürlich nicht verhindern, dass du einem kranken Massenmörder in die Hände fallen könntest, es minimiert aber das Risiko in 99,99 Prozent der Fälle.

Was muss ich auf Partys und in Clubs beachten?

Ein weiterer Weg, einen Partner zu finden (und auch um Mitspieler zu finden oder Aufgaben zu stellen und Strafen zu vollziehen) sind Partys und/oder Clubs. Ich spreche jetzt nicht von der Disco um die Ecke, sondern von speziellen Erotikpartys und -Clubs.
Es gibt in der privaten Erotikszene verschiedene Veranstaltungen und es ist sicherlich für jeden das Passende dabei.
Im Groben teilen sich die Events wie folgt auf:

- Swingerclubs – Das sind Clubs, in denen sich Menschen treffen, auf die es entweder einen besonderen Reiz ausübt, sich beim Sex zuschauen zu lassen, oder aber, den Sex auch mal mit anderen Partnern zu praktizieren. Der Eintritt ist allerdings gerade für Herren ohne Begleitung relativ teuer.

- Fetischpartys – Das sind meistens Partys, bei denen das Sehen und Gesehen werden sowie das Tanzen im Vordergrund stehen. Es entsteht zwar eine erotische Stimmung, kommt aber nicht unbedingt zum Sex und wenn doch, dann auch eher versteckt.
- SM-Partys – Hier geht es schon mehr zur Sache. Die Bandbreite reicht von Partys, auf denen sich Zuschauer und Akteure treffen, bis hin zu Mottopartys, bei denen Mitmachpflicht bestehen kann.
- Erotik-Bars – Hier treffen sich Menschen eher zum Kennenlernen, Tanzen und ab und an auch zum Ausleben von Erotik.
- Stammtische – In den meisten Städten gibt es mittlerweile Stammtische, die von Mitgliedern der jeweiligen Communitys ins Leben gerufen wurden. In der Regel werden die Termine hierfür in den Foren gepostet. Bei Stammtischen steht in erster Linie das Kennenlernen und der Austausch im Vordergrund.

Die von mir hier gezogenen Grenzen sind etwas willkürlich. Meistens vermischt sich das etwas.

Auch wenn sich auf diesen Veranstaltungen Menschen treffen, die vielleicht sogar Sex suchen, ist das kein Freibrief dafür, einfach nach Gutdünken loszulegen. Die Erfolgschancen steigen, wenn man sich zunächst bei einem Glas Wein beschnuppert, miteinander spricht und sich in Ruhe kennenlernt.
Diese Kennenlernphase dauert in Swingerclubs mitunter nicht so lange, weshalb es im Rahmen des Möglichen liegt, dass es dort etwas schneller zur Sache geht.
Aber auch dort ist ein Nein eben ein Nein und das hast du oder habt ihr als solches zu akzeptieren.
Nimm es nicht persönlich und suche dir einfach jemand anderen.

So, es ist nun angerichtet, und das Spiel mit den Aufgaben und Strafen kann somit beginnen!

WIE BEGINNE ICH DAS SPIEL?

Der geeignete Partner ist also gefunden und es ist an der Zeit, sich nun der Frage zu widmen, wie man ein Spiel am besten beginnen könnte.

Zunächst solltet ihr euch gegenseitig klar machen, was ihr euch voneinander oder für euch selbst wünscht, was für euch noch im Bereich des Vorstellbaren liegt und was ihr auf keinen Fall machen möchtet.

Hierzu eignet sich am besten eine Liste, die von jedem von euch ausgefüllt wird.

Diese Liste wird sich mit zunehmender Erfahrung sicherlich verändern.

Einige Dinge, die zunächst unvorstellbar waren, werden plötzlich vorstellbar, und bei anderen stellt ihr im realen Erleben möglicherweise fest, dass sie euch doch nicht so viel Freude bereiten wie zunächst angenommen. Somit werden immer wieder neue Dinge zu eurer Liste hinzukommen und andere eventuell ganz gestrichen werden.

Man kann also festhalten, dass eine solche Liste mit den von euch gemachten Erfahrungen lebt und sich durch diese immer wieder verändern kann.

Ein weiterer Vorteil einer solchen Liste ist, dass auf ihr eventuell Dinge stehen, über die man sich bisher noch gar keine Gedanken gemacht hat. Sie kann deshalb auch Anlass dazu geben, sich mit den eigenen Fantasien und Wünschen einmal in Ruhe auseinanderzusetzen.

Vielleicht hegt der Partner ja auch schon seit Langem ähnliche Fantasien und hat sich bisher ebenfalls noch nicht getraut, darüber zu reden?

Ganz wichtig ist es, nicht gleich mit dem härtesten und schwersten anzufangen. Beginnt lieber leicht, fühlt euch in die Situationen hinein und steigert dann euer Spiel.
Fast noch wichtiger ist jedoch die Kommunikation. Redet nach jedem Spiel darüber, wie ihr euch dabei gefühlt habt.
Was war gut?
Was war weniger gut?
Was würdet ihr euch beim nächsten Mal wünschen?
Zudem ist es ganz wichtig, nur Dinge zu tun, die ihr wirklich tun wollt. Überredet niemanden zu etwas, das er nicht will und lasst euch natürlich auch zu nichts überreden oder drängen. Manche Dinge kommen mit der Zeit von ganz alleine.
Es geht bei all diesen Spielen um Spaß und Befriedigung.
Gerade bei Spielen, die im BDSM-Bereich angesiedelt sind, ist es sehr wichtig, dass alles freiwillig, sicher und mit gesundem Menschenverstand geschieht. In der BDSM-Szene wurde dafür, wie schon am Anfang des Buches erwähnt, die Abkürzung SSC eingeführt.
Bei diesen Spielen geht es weder um »Höher, schneller, weiter« noch um einen Wettbewerb. Lust und Fantasien sind etwas sehr individuelles – da gibt es kein »Besser«, sondern nur ein »Anders«.

Nachfolgend möchte ich euch nun noch ein Beispiel für eine (von mir etwas weiter oben angesprochene) Liste geben. Vielleicht kennt ihr einiges davon noch nicht oder es schreckt euch sogar ab. Das ist kein Problem, denn diese Liste spiegelt eine Vielzahl von Fantasien vieler Menschen mit unterschiedlichsten Neigungen und Erfahrungen wieder.
Man muss nicht alles mögen oder ausprobieren, sollte aber anderen Menschen ihr Recht auf freie Entfaltung ihrer Sexualität zugestehen.

NEIGUNGSBOGEN

Felder mit x ausfüllen, besondere mit xx

	Thema	Ja	Viel.	Nein	Erlebt?	Bemerkung
1	Anspritzen mit Sperma					
2	Dildo/Vibratoren/Anal-plugs einführen					
3	Fotoshooting mit erkenn-barem Gesicht					
4	Fotoshooting ohne erkenn-bares Gesicht					
5	Öffentliches Zeigen von demütigenden Fotos					
6	Outdoorspiele					
7	Augenbinde					
8	Knebel					
9	Leckdienste Hoden/Schwanz					
10	Leckdienste anal/rimming					
11	Pussy insertions					
12	Dom/Dev-Spiele, Geschichte der O					
13	Ohrfeigen					
14	Vergewaltigungsspiele					
15	Masken tragen					
16	Hurendienste (Verleih gegen Geld)					
17	Fußverehrung, Füße lecken					
18	Öffentliche Erniedrigung					
19	Sprechverbot					

	Thema	Ja	Viel.	Nein	Erlebt?	Bemerkung
20	Nacktpräsentation öffentlich					
21	Anpinkeln					
22	In Mund pinkeln/schlucken					
23	Mumifizierung/Folie					
24	Anspucken					
25	Eiswürfelspiele					
26	In Mund spucken, schlucken					
27	Klistier					
28	Petplay (Hund, Pony, Katze)					
29	Verbale Demütigung, peinliches Befragen					
30	Öffentlichen Blog schreiben					
31	Oralverkehr					
32	OV mit Schlucken					
33	Analverkehr (safe)					
34	Vaginalverkehr (safe)					
35	Tunnelspiele					
36	Gangbang/Mehrere Männer/Vorführung					
37	Bi-Spiele					
38	Geleckt werden					
39	Frivoles Ausgehen					
40	Fotoshooting/Filmen					
41	Auf Fickmaschine sitzen					
42	Küssen					
43	Fisten					
44	Bondage					
45	Bondage mit Aufhängen					
46	Schläge mit Peitsche soft					

	Thema	Ja	Viel.	Nein	Erlebt?	Bemerkung
47	Schläge mit Peitsche mittel					
48	Schläge mit Peitsche hart					
49	Klammern an Brustwarzen soft					
50	Klammern an Schamlippen soft					
51	Klammern an Brustwarzen hart					
52	Klammern an Schamlippen hart					
53	Wachsspiele					
54	Reizstrom, Violet Wand					
55	Gutpunching (Schläge in den Bauch)					
56	Nadeln					
57	Atemreduktion					
58	Brustfolter wie Schläge, Kneifen, Klammer usw.					
59	Genitalfolter, zum Beispiel Schläge					
60	Cutting, Ritzen					
61	Switchen					
62	Sex mit einem Fremden/Blinddate					
63	Freie Verfügbarkeit für andere Herren/Damen					
64	Von Fremden angefasst, abgegriffen werden					
65	Einüben von Strafstellungen bzw. Grundpositionen wie in der *Geschichte der O*					

	Thema	Ja	Viel.	Nein	Erlebt?	Bemerkung
66	Virtuelle Spiele (Aufgaben mit Fotobeweis erfüllen)					
67	Dirty Talk					
68	Anrede »Sie«, kein Duzen					
69	Gebissen werden					
70	Facesitting/Smother					
71	Bedienen					
72	Spanking über dem Knie liegend					
73	Spiele mit Kot/KV					
74	Kitzeln					
75	Brennnesseln					

Was du mir sonst noch mitteilen möchtest:

Bekannte Abbruchsituationen: ....
Empfindliche Stellen: ....
Sonstige Tabus: ....
Allergien/Gesundheitliche
Einschränkungen: ....
Safeword: ....

Ihr habt nun die Liste ausgefüllt und das Spiel kann beginnen! Damit sind wir jetzt also quasi im Hauptteil des Buches angekommen.
Und, wie könnte es auch anders sein, gilt es natürlich auch jetzt, ein paar Dinge zu beachten:

- Gönnt euch etwas Zeit und Ruhe, um aus dem Alltag auszusteigen, bevor ihr mit dem Spiel beginnt.
- Duscht oder nehmt ein Bad.
- Pflegt euren Körper.
- Schwingt euch auf die Situation ein.
- Bereitet gegebenenfalls den Raum vor, in dem das Spiel stattfinden soll. Ein paar Kerzen, gedämpftes Licht, leise und ruhige (Instrumental-)Musik können auch sehr hilfreich sein, um eine schöne Stimmung zu erzeugen. Im Anhang findet ihr eine Liste (meines Erachtens) idealer Musikstücke.
- Vielleicht wollt ihr die Aufgabe eurem Liebsten als Brief übergeben?
- Oder vielleicht doch besser per Mail/SMS, und das Spiel beginnt, wenn du nach Hause kommst?
- Stellt wenn möglich eure Telefone und die Hausklingel ab.
- Legt alle notwendigen Utensilien bereit. Nichts ist unerotischer als die Suche nach dem Gleitgel, während der Partner karnickelwild ans Bett gefesselt ist.

Bei einigen der von mir hier aufgeführten Aufgaben und Strafen geht es auch härter zur Sache. Gerade bei diesen Spielen ist es wichtig, das »Opfer« Liebe, Respekt und Verbundenheit spüren zu lassen. Nehmt immer wieder Blickkontakt auf und seid zwischendrin auch zärtlich.
Es wird auch vorkommen, dass nach und nach Grenzen berührt oder vielleicht gar überschritten werden. Eventuell werden Tränen fließen und im schlimmsten Falle endet das Spiel mit

einer Heulattacke, einem Wutausbruch oder dem Abbruch des Spiels.

Das ist erst einmal nicht so schlimm und die Welt wird deshalb auch nicht gleich untergehen. Wichtig ist nur der richtige Umgang mit dieser Situation.

Befreit das »Opfer« aus der Situation, nehmt es in den Arm und tröstet es. Gebt ihm Zeit, sich zu beruhigen, und (ganz wichtig) redet danach über alles.

In der BDSM-Szene wird für solche Situationen das Wort »Auffangen« verwendet.

Die Erfahrung hat gezeigt, dass beide dann die schönsten Erlebnisse haben, wenn der Aktive seinen eigenen Lustgewinn dem Lustgewinn des »Opfers« unterordnet. Wenn das Opfer dann am »Fliegen« ist, bleibt noch genügend Zeit für die eigene Befriedigung.

WIE GEHE ICH ALS AKTIVER DAMIT UM, WENN EINE AUFGABE NICHT ERFÜLLT WURDE?

Es wird immer wieder vorkommen, dass Aufgaben nicht zur vollen Zufriedenheit des Aufgabenstellers erfüllt wurden. Sieht man das ganze eher als lockeres Spiel, ist das Nichterfüllen ziemlich egal, weil der Kick und der Spaß im Vordergrund stehen. Aber gerade in BDSM-Beziehungen wird das eben oft nicht so locker gesehen. Es stellt sich dann die Frage nach dem »Was nun?«.

Erst einmal ist es wichtig zu wissen, warum die Aufgabe nicht korrekt erfüllt wurde.

- Haben die Rahmenbedingungen nicht gestimmt?
- Lag es am fehlenden Einsatz?
- War die Aufgabe nicht klar formuliert?
- Berührte die Aufgabe ein Tabu oder eine Grenze?
- Muss man die Aufgabe vielleicht etwas anpassen, damit sie durchführbar wird?

Hierbei ist also auch der Aufgabensteller zur Selbstreflexion angehalten, um glaubwürdig zu bleiben. Glaubwürdigkeit ist eine der wichtigsten Eigenschaften, die ein Aktiver gegenüber seinem Passiven besitzt. Sinnlose Bestrafungen, unfaires Verhalten und nicht erreichbare Ziele untergraben diese Glaubwürdigkeit.

Für mich gibt es nur einen Grund, ein Versagen zu bestrafen und das ist »fehlender Einsatz«. Bei allen anderen Gründen bin ich mitschuldig oder allein schuldig.

Wie eine Strafe aussehen soll, ist dann wieder sehr individuell. Auf jeden Fall muss die Aufgabe zunächst ein weiteres Mal (und nun erfolgreich) erfüllt werden – gegebenenfalls mit etwas Hilfe.

Danach erfolgt dann eine passende Bestrafung für den misslungenen ersten Versuch.

Und jetzt geht es los! (Hm, das hatte ich doch schon mal geschrieben, oder? Egal! Nun aber wirklich!)

AUFGABEN UND STRAFEN

Kommen wir nun also endlich zu den Aufgaben. Der Einfachheit halber spreche ich ab sofort nur noch von Aufgaben. Aufgaben und Strafen haben ja durchaus einen ähnlichen Charakter und eine Strafe kann ja auch das Erfüllen einer Aufgabe sein.

Die Aufgaben sind als Anregung zu verstehen und können individuell angepasst und erweitert werden. Führt nur solche Aufgaben durch, bei denen ihr euch wohl fühlt und die ihr technisch kontrollieren könnt.

Ihr wisst schon, SSC (ich kann es nicht oft genug sagen)!

Bitte beachtet, dass ich euch nicht dazu auffordere, diese Aufgaben und Strafen zu erfüllen. Ob und wenn ja was ihr davon erfüllen wollt, ist und bleibt eure Entscheidung.

EIN WEICHER EINSTIEG

Ich habe die verschiedenen Aufgaben und Strafen in Kategorien aufgeteilt und will logischerweise mit den eher leichteren und softeren beginnen.

Diese Aufgaben und Strafen siedeln sich mehr im heimischen Umfeld an und können in trauter Zweisamkeit oder auch zum Testen alleine erfüllt werden. Sie adressieren daher auch eher den Einsteiger und die Neugierigen.

Bei diesen Aufgaben benötigt man keine große Überwindung, der Lust-Schmerz-Reiz ist geringer und die lustvolle Demütigung hält sich noch in Grenzen.

Weitere Kategorien sind dann:

- Jetzt geht es richtig zur Sache
- Jetzt wird es ekelig
- Outdoor – die Lust am Erwischt-Werden
- Fremde Haut – Mitspieler erwünscht

Und nun folgt ...

#1 GRUNDSTELLUNGEN EINES SKLAVEN

Fotokamera

Im BDSM-Umfeld (üblicherweise nur SM genannt) gibt es Rituale und Regeln, denen sich die Sklaven gegebenenfalls unterwerfen müssen. Es handelt sich hierbei um Verhaltensregeln aber auch um Grundpositionen, in denen sich die Sklaven präsentieren müssen. Allerdings lebt nicht jeder in der SM-Szene dies so aus und die Regeln variieren auch von Paar zu Paar stark. Das Ganze ist also sehr individuell. Im Klassiker »Die Geschichte der O« werden einige dieser Grundpositionen beschrieben. Aufgrund dieses Buches bzw. Filmes erhielten die Grundstellungen dann auch rasch Einzug in die SM-Szene. Aber nun genug der Hintergrundinformationen. Die Aufgabe an die Person lautet also wie folgt:
»Entkleide dich völlig, nehme die 8 Grundpositionen ein und schicke mir davon je ein Foto. Achte darauf, dass ich auf den Bildern alles gut erkennen kann.«

Diese Grundpositionen sind nur Beispiele. Hier kann jeder seine eigene Fantasie walten lassen.

Position	Beschreibung
Steh	Breitbeiniges Stehen, die Hände hinter dem Nacken verschränkt, den Blick auf den Boden gerichtet.
Steh bequem	Wie »Steh«, nur sind die Arme hinter dem Rücken verschränkt.
Sitz	Die Sklavin kniet auf allen vieren, der Kopf ist erhoben, der Mund leicht geöffnet. Die Beine sind gespreizt, es wird ein Hohlkreuz gebildet.
Lieg	Auf dem Rücken liegend, die Arme seitlich über den Kopf gelegt. Die Füße sind aufgestellt, wobei die Sohlen den Boden berühren. Die Schenkel sind ebenfalls weit geöffnet.
Knie	Kniend, die Beine geöffnet, die Handflächen liegen nach oben geöffnet auf den Knien, der Blick ist gesenkt, der Rücken ist gerade.
Platz	Kniend, der Oberkörper liegt auf dem Boden auf, die Hände befinden sich neben dem Kopf, der Po ist nach oben gereckt, die Schenkel geöffnet.
Bück dich	Stehend mit durchgedrückten Knien. Die Beine sind gespreizt, die Hände liegen an den Knöcheln.
Präsentiere dich	Die Beine sind leicht nach außen abgewinkelt. Das Becken wird vorgeschoben und die Scham mit den Händen geöffnet bzw. präsentiert.

#2 MASTURBATIONS-FANTASIE

Keine

Bei dieser Aufgabe muss die Person, unter Einbeziehung aller Details, eine Masturbationsfantasie aufschreiben. Im Anschluss daran darf die Person masturbieren und muss am Ende ein Foto ihrer feuchten Finger und des Penis/der Vulva anfertigen. Das ganze kann dann per Mail an den Aufgabensteller versendet werden.

Masturbationsfantasie von S

Wie fast alle Frauen mag ich es, shoppen zu gehen.

Shoppen ist ja etwas anderes als Einkaufen. Der Unterschied liegt im Ziel. Beim Einkaufen habe ich eine Einkaufsliste und die Dinge die drauf stehen, die kauft man eben ein.

Daher der Name Einkaufsliste.

Shoppen ist ein Event.

Shoppen hat auch kein Ziel, sondern ist eine Freizeitbeschäftigung. Frau weiß auch gar nicht genau, was sie sucht. Das Kleidungsstück sagt es uns immer, wenn es uns erblickt.

KAUF MICH!

JETZT!

SOFORT!

Du brauchst mich nicht, aber das ist egal.

KAUF MICH!

Deswegen ist es auch unmöglich, mit Männern shoppen zu gehen. Es sei denn sie sind schwul.

Ok, das ist ein Klischee.
Also, ich war gestern wieder mal shoppen.
Mein Dessous-Schrank ist ja sooo leer!
Im Kaufhaus meines Vertrauens angekommen, suchte ich mir auch gleich ein paar richtig süße Dinger aus. Unter anderem ein Traum von Negligé vom Format »Potenzschweller«.
Fast durchsichtig, rückenfrei, extrem kurz, Nippel zeichnen sich ab.
Ab in die Umkleidekabine, Vorhang zu, ausgezogen.
Naggisch.
Ich trage eben keine Unterwäsche.
Und dann spürte ich einen warmen Schauer.
Blicke.
Ups, der Vorhang stand etwas offen.
(Ok, das passiert mir aus Versehen öfters.)
Genauso wie der Mund des älteren Herrn, der mich durch den Spalt fassungslos und gleichzeitig fasziniert anstarrte.
Verloren hielt er die Kleider in der Hand, die seine Frau wohl gerade anprobieren wollte.
Nichts fallen lassen, guter Mann.
Egal, ich mag das ja.
Gekonntes Posing, Röckchen hoch, um die eigene Achse gedreht, meine Brüste etwas befummeln und zurechtrücken.
Showgirl.
Ein Griff in meinen Slip, Finger, die sich unter dem Stoff auf meiner Muschi bewegten.
Im Spiegel konnte ich sehen, wie »älterer Herr« verstohlen meine Show bewunderte.
Negligé ausziehen, kurz warten, sich etwas drehen.
Rückenansicht, Vorderansicht, Seitenschnitt.
»Älterer Herr« ist kurz vorm Infarkt.

Der Vorhang fällt, die Show ist zu Ende.
Angezogen trat ich aus der Kabine.
Mit einem »Ich hoffe es hat Ihnen gefallen« ging ich an ihm vorbei.
Puderröte im Gesicht des Herrn.
Fein.
Made my day!
Ich geh erst mal einen Kaffee trinken.

#3 ORGASMUSBUCH

Ein Heft, Fotokamera

Bei dieser Aufgabe muss die Person ab sofort ein Orgasmus-Buch führen. Im Buch wird festgehalten, wann, wo und wie sie zum Orgasmus gekommen ist. Die einzelnen Einträge können auch noch durch Fotos illustriert werden. Am einfachsten ist es, sich ein Ringbuch zu holen und darin ein vorgefertigtes Formular einzuheften. Das hat auch den Vorteil, Seiten austauschen zu können.

Beispiel für eine Seite:

Datum	
Ort	
Uhrzeit	
Methode	z. B. Hand, Dildo …

Fantasie (Woran habe ich dabei gedacht?)	z. B. an Sex mit der Nachbarin
Foto	
Bemerkung	

#4 EIN FOTO FÜR ZWISCHENDURCH

EGAL

Fotokamera

Bei dieser Aufgabe bekommt die Person per SMS, Mail oder Anruf die Aufgabe, innerhalb von 15 Minuten ein spezielles Foto an dich zu versenden.

Beispiel

»Geh auf die Toilette und mache dort ein Foto deiner Scham und deiner Brüste und sende mir das Bild zu. Du hast hierfür 15 Minuten Zeit.«

Diese Aufgabe kann man natürlich auch während der Arbeitszeit stellen, sodass die Person dort auf die Toilette gehen muss. Das kann unter Umständen den Grad der Überwindung noch etwas steigern.

#5 BAUMARKT

Keine

Bei dieser Aufgabe muss die Person in einen Baumarkt gehen und dem Aufgabensteller drei Dinge zur Auswahl geben, die sie sich im Nachgang anal oder rektal einführt. Der Aufgabensteller sucht dann eines davon aus.
Alternativ geht die Person alleine in den Baumarkt und sendet dann Fotografien per SMS an den Aufgabensteller, der dann wie gehabt auswählt. Nun muss die Person den Gegenstand kaufen und mit nach Hause nehmen. Dort führt sie sich den Gegenstand entweder anal oder vaginal ein und versendet gegebenenfalls ein Foto davon an den Aufgabensteller.

#6 ENTJUNGFERUNG

Keine

Die Aufgabe besteht darin, dass die Person in allen Details beschreiben muss, unter welchen Umständen sie das erste Mal Sex hatte.

- Wie alt war sie?
- Ist das genaue Datum noch bekannt?
- Wie hieß der Partner?
- In welcher Beziehung stand sie zu ihm/ihr?
- Wo fand das ganze statt?
- Wie lief es ab und was hat man gefühlt?
- Wie hat man verhütet?

Als Zusatzaufgabe kann verlangt werden, dass die Person ein Foto von damals heraussuchen muss, damit man sieht, wie sie zum Zeitpunkt der Entjungferung in etwa aussah. Auch diese Aufgabe eignet sich als virtuelles Spiel.

Erfahrungsbericht von S.

Ich war etwa 13 Jahre alt, als ich bemerkte, dass sich etwas an mir veränderte.

Mir wuchsen Brüste!

Meine Brustwarzen veränderten sich, wurden größer und der Nippel, der bisher noch flach war, wölbte sich langsam nach außen.

Und sie wurden auch empfindlicher.

Vor allen Dingen das verwirrte mich etwas.

Hab ich doch ständig an mir rumgemacht, weil das irgendwie interessant war.
Und Schamhaare.
Erst ein kleiner Flaum, dann immer mehr.
Zu Anfang habe ich das alles gar nicht richtig realisiert.
Meine Mutter sprach mich dann irgendwann darauf an und fragte mich, ob ich einen BH wollte, da ich jetzt ja langsam zur Frau wurde.
Ui, nun war ich eine Frau.
So ne richtige mit BH.
Den habe ich mir mit meiner Mutter zusammen gekauft. Mir war das aber mal so richtig peinlich.
Der Blick von der Verkäuferin und dann der Satz, vor dem alle Frauen Angst haben.
»Ist das dein erster BH?«
Meine Mutter nickte und ich war rot wie ne Paprika.
Ich hatte das Gefühl, dass mich alle im Laden anschauen würden.
Guck mal, das ist die mit dem ersten BH.
Lohnt ja fast noch nicht.
Aber gut, wenn sie meint ...
Rein in die Tüte mit dem Ding, die Mutter für die nächsten Tage gehasst – aber getragen habe ich ihn dann doch.
Auch wenn ich mich dann schlechter streicheln konnte.
Und das Ding hat auch noch gekniffen.
Natürlich rückte ich auch langsam ins Interesse von Männern.
Mit zunehmender Wölbung unter meinem T-Shirt häuften sich diese starrenden Blicke.
Hei, ich hab auch ein Gesicht, du Arsch!
Und es begann mich zu jucken.

Also da unten meine ich jetzt, nicht meine Pickel oder den BH. Von denen hatte ich einige ... also von den Pickeln.
Sch... Pubertät.
Ich begann, mich selbst zu erforschen und merkte bald, dass das Ding, das ich sonst nur zum Pinkeln benutzte, richtig Spaß machen kann.
Aber richtigen!
Masturbation wurde mein liebstes Hobby, morgens, mittags und abends.
Mit 14 dann den ersten Freund.
So richtig mit Rumknutschen.
Erstes Betatschen unter meinem T-Shirt.
Schwierigkeiten mit dem BH.
So ein Anfänger!
Aber ich mochte es.
Beulenmassage bei ihm.
Immer forscher.
Seinen Namen weiß ich nicht mehr. Es war nach einem Schulfest im Park.
Überall lagen frisch verliebte Pärchen herum und knutschten wild.
Zungenquirl.
Ein paar Tage später, bei mir auf dem Zimmer, haben wir dann ordentlich Petting gemacht.
Beobachtet von Boygroup-Postern.
Und er setzte mir eine ordentliche Ladung Sperma ins Kissen und auf die Hand.
Igitt!
Das war ihm richtig peinlich.
Ein paar Tage später war es aus mit meiner ersten großen Liebe.

Aber ich hatte Blut geleckt.
Und lernte schon bald einen hübschen 17-Jährigen kennen.
Einen mit vieeeel Erfahrung.
Als man munkelte, er hätte schon richtigen Sex gehabt.
Wow!
Und so kam es bald dazu, das meine Unschuld blutend ins Laken floss ...
Wir waren mit ein paar Freunden etwas feiern. Das ein oder andere Bier war getrunken, wir sind dann zu Fuß zu seinen Eltern, wo er damals gewohnt hat.
Schon unterwegs war mir klar, dass ES heute passieren würde.
Es war ein kalter und regnerischer Abend und wir kuschelten uns beim Laufen aneinander.
Bei ihm angekommen sind wir gleich auf sein Zimmer gegangen. In den ersten Stock, ungestört und ungehört. Seine Eltern schliefen schon (hoffentlich).
Musik, irgendwas aus den Charts damals. Es ging dann schnell. Keine Kerzen, keine besondere Atmosphäre, kein Vorspiel. Er dirigierte mich auf sein schmales Bett. Es folgte schneller, schmerzhafter Sex in der Missionarsstellung, mein Kopf stieß in seinem Rhythmus ans Holzende des Bettes. Ob ich den Schmerz genossen habe, kann ich heute nicht mehr sicher sagen. Aber ich hab es sehr genossen, dass er mich schnell, hart und rücksichtslos entjungfert hat.

#7 DER LOLLY

Einen Lutscher/Lolly

Die (in diesem Falle) Aufgabenstellerin lutscht genüsslich an einem Lutscher und schiebt ihn sich dann in ihre Scham. Dort verweilt er eine Weile. Nun zieht sie ihn wieder hervor und die Person muss ihn sauber lecken. Natürlich muss sich die Aufgabenstellerin danach auch ihre Scham vom süßen Saft sauber lecken lassen – und zwar bis zum Orgasmus.

#8 WASSERGLAS UND PEITSCHE

Wasserglas und Peitsche

Bei dieser Aufgabe bekommt die Person ein randvoll gefülltes Wasserglas in beide Hände gedrückt, dass sie mit ausgestreckten Armen vor den Körper halten muss. Nun beginnt man mit einer Züchtigung. Bei jedem Schlag zuckt die Person zusammen, trotzdem darf sie nichts von dem Wasser verschütten, da sonst weitere Strafen drohen. Alternativ kann man ihr auch viele Büroklammern auf die nach oben geöffneten Handflächen legen. Für jede Büroklammer, die zu Boden fällt, gibt es dann eine Strafe. Natürlich kann man die Person auch mit Hand, Vibrator oder Mund erregen. Auch dann darf sie kein Wasser verschütten.

#9 GURKE UND BANANE

Banane und Gurke

Bei dieser Aufgabe muss die Person an einer Gurke oder Banane zeigen, wie sie einen Schwanz bläst und zwar möglichst authentisch. Nuckelt sie daran? Nimmt sie ihn ganz tief in den Rachen? Bespuckt sie ihn vorher?
Auch diese Aufgabe ist vor Publikum besonders peinlich.

#10 BEI ANRUF …

Keine

Bei dieser Aufgabe muss sich die Person am Telefon selbst befriedigen, während sie den Aufgabensteller anruft. Sie muss genau schildern, was und wie sie es tut oder an was sie gerade denkt. Natürlich möchte man auch ihr Stöhnen hören und sie muss es kundtun, wenn sie ihren Orgasmus bekommt.

#11 DAS KUNSTWERK

Fotoapparat

Die Person bekommt folgende Anweisung:
»Suche dir im Internet oder aus Büchern drei Kunstwerke (Fotografie, Malerei, Bildhauerei) aus. Stelle nun diese Motive nach und sende mir ein Foto des Originals sowie deine Interpretation per E-Mail zu. Du bist bei dieser Aufgabe nackt oder lediglich mit Reizwäsche bekleidet. Sei kreativ!«

#12 DIE POPPLISTE

Keine

Bei dieser Aufgabe muss die Person alle ihre Liebhaber mit Vornamen und in der richtigen Reihenfolge benennen, beginnend mit dem/der Ersten. Des Weiteren sind eventuell vorhandene Besonderheiten zu benennen.

Beispiel

Vorname	Datum	Note 1–6	Besonderheit
Frank	1999	3	Hat mich entjungfert
Peter	2001	1	Analverkehr
Johann	2003	6	Schnellficker

Einige Tage später lässt man sich die Liste erneut aufstellen. Sollte die Person jemanden vergessen haben, fällt dies nun sicherlich auf. So bekommt man nach und nach einen vollständigen Überblick über das vergangene Sexualleben ... wenn man es denn wissen möchte.

#13 DER LIEBESBRIEF

Papier und Schreibutensilien

Bei dieser Aufgabe muss die Person einen schönen Liebesbrief schreiben. Der Brief sollte mindestens folgende Punkte beinhalten:

- Beschreibung der Schönheit von Körper und Gesicht
- Beschreibung der Vorzüge
- Loben von Geruch und Geschmack
- Verherrlichung der sexuellen Fähigkeiten
- Die Gründe, warum die Person den Auftragsteller liebt/verehrt
- Dinge, die der Person besonders gut gefallen
- Dinge, die die Person gerne für den Aufgabensteller durchführen möchte
- Welche Charaktereigenschaften besonders schön sind
- Wünsche

Natürlich geschieht dies handschriftlich, fehlerfrei und mit guter Grammatik.
Wird die Aufgabe virtuell gestellt, wird der Brief eingescannt beziehungsweise abfotografiert und per E-Mail an den Aufgabensteller versendet.

#14 WENN DU AN SEX DENKST ...

Tagebuch

Bei dieser Aufgabe muss die Person jedes Mal, wenn sie an Sex denkt, Lust bekommt, etwas darüber liest, sieht oder hört, einen kurzen Tagebucheintrag machen. Der Eintrag sollte dann die Situation, den Ort, die Uhrzeit und natürlich, was genau es war, beinhalten. Viele Einträge wird es besonders dann geben, wenn man die Person vorher einige Zeit keusch gehalten hat. Dieses Tagebuch kann man auch in Form eines öffentlichen Blogs schreiben lassen, dann haben auch andere etwas davon ...
Alternativ lässt man sich immer eine SMS oder Mail zusenden.

#15 STRAFZETTEL

Ergeben sich aus den Zetteln

Diese Aufgabe benötigt etwas Vorbereitung. Auf vielen kleinen Zetteln werden unterschiedliche Strafen aufgeschrieben. Diese Zettel werden dann zusammengefaltet und in eine Schale oder ein ähnliches Gefäß gegeben. Aus der Schale zieht die Person nun einen der Zettel und liest die Strafe laut vor.
Nun hat die Person die Möglichkeit, die Strafe anzunehmen oder nicht.

Nimmt sie die Strafe an, kann der Strafende entscheiden, ob er die Strafe vollzieht oder sein Veto einlegt. Legt er sein Veto ein, muss die Person eine weitere Strafe ziehen. Da die Person auch ein Vetorecht hat, kann sie diese Strafe nun annehmen oder ablehnen. Lehnt sie diese Strafe ab, wird ein dritter Zettel gezogen. Diese dritte Strafe wird nun auf jeden Fall vollzogen.
In dem Falle, dass die Person die erste Strafe ablehnt, darf sie einen zweiten Zettel ziehen. Diese Strafe wird nun vollzogen, es sei denn, der Strafende legt sein Veto ein. Dann wird ebenfalls ein dritter Zettel gezogen und die darauf vermerkte Strafe vollzogen.

Nachfolgend nun eine Liste von Beispielstrafen, die auf den Zetteln stehen können:

Alle Aufgaben aus diesem Buch können als Zettel aufgeschrieben werden.

- 10 Ohrfeigen
- Füße mit dem Mund verwöhnen
- 20 Schläge mit dem Rohrstock
- Anus lecken
- Oralverkehr
- Analverkehr
- Lecken der Achselhöhlen
- Im sexy Outfit kochen
- Einen Abend daheim als Hure dienen
- Je 5 Klammern an jede Brust für 3 Minuten
- Klammern an die Scham für 5 Minuten
- Klammern an die Hoden
- Wachstropfen
- Schläge mit einer Riemenpeitsche auf die Brust
- Analplug für einen Abend tragen

- Neben dem Bett auf einer Decke schlafen
- Selbstbefriedigung vor dem Partner
- Dildospiele
- Po versohlt bekommen und dabei über dem Knie liegen
- Po mit Kochlöffel versohlt bekommen
- Hände küssen und lecken
- Harsh Handjob (die harte Variante des Abwichsens, Hoden kneten, nicht kommen lassen usw.)
- Fisting (Einführen der Hand vaginal oder anal)
- Strippen
- Fantasie erzählen
- Auf Erbsen knien
- 5 Minuten eine Kerze mit ausgestreckten Armen halten
- Eine Massage geben

#16 DER KNUTSCHFLECK

EGAL

Keine

Bei dieser Aufgabe bekommt die Person einen großen Knutschfleck auf den Hals platziert und zwar an einer Stelle, die man nicht ohne Weiteres verdecken kann. Gerade der Sommer eignet sich sehr gut für die Durchführung dieser Aufgabe, weil dann die Benutzung eines Schals oder ähnlichem fast genauso peinlich ist wie die Zurschaustellung des Knutschflecks. Besonders für Menschen, die schon etwas älter sind, kann das Ergebnis dieser Aufgabe ganz schön unangenehm sein. Dumme Kommentare von anderen gibt es hinterher nämlich gratis dazu.

#17 FUSSMASSAGE

Kleine Wanne, Handtuch, Massageöl

Im Umfeld von BDSM ist die Verehrung von Füßen eine weit verbreitete Praktik. Bei dieser Aufgabe muss die Person also die Füße des Partners ausgiebig verwöhnen. Dies beginnt mit einer gründlichen Waschung der Füße im lauwarmen Wasser. Sobald die Füße sauber sind, werden sie mit Lippen und Zunge ausgiebig verwöhnt. Gerade das Lutschen und Lecken der Zehen und der Zehenzwischenräume ist sehr angenehm für den Massierten und demütigend für den Masseur. Danach werden die Füße mit Massageöl eingerieben und massiert.

Für die Fußmassage werden vorwiegend die Daumen verwendet. Achte dabei vor allem darauf, dass es weder kitzelt noch schmerzt. Beginne an der Fußoberseite mit leicht streichenden Bewegungen vom Knöchel ausgehend und dann immer weiter abwärts, bis du bei den Zehen angelangt bist. Danach führst du die Massage der Fußsohlen durch. Die Richtung der Massage hängt hierbei vom dabei verfolgten Ziel ab. Massiert man von den Zehen in Richtung Ferse, ist die Massage anregend.

In umgekehrter Richtung wirkt sie hingegen entspannend. Arbeite dich kreisend und mit etwa einem Druck pro Sekunde über die Fußsohle.

Zum Schluss wird der Fuß sanft zu den Fußspitzen hin ausgestrichen. Am Ende der Massage wird das überschüssige Massageöl mit einem Handtuch aufgenommen.

Als Erweiterung der Aufgabe können nun noch die Zehennägel des Massierten sauber und ordentlich geschnitten, gefeilt und lackiert werden. Also natürlich nur für den Fall, dass der massierte Part weiblich ist oder anderenfalls der dringende Wunsch nach lackierten Nägeln beim männlichen Part besteht. Sonst ist doch eher vom Lackieren der Fußnägel abzuraten.

#18 PEINLICHES BEFRAGEN

0-99

Keine

Bei dieser Aufgabe muss die Person viele peinliche Fragen ehrlich beantworten. Die Fragen sind sehr detailliert und intim, weshalb deren Beantwortung einiges an Überwindung erfordert. Die Fragen beginnen zunächst einfach und werden dann stetig immer intimer.

- Wie groß bist du?
- Wie viel wiegst du?
- Welche Tampongröße benutzt du?
- Bist du intim rasiert?
- Wie lang ist dein Schwanz?
- Welchen Durchmesser hat er?
- Glaubst du, dein Schwanz ist im Vergleich zu anderen eher groß oder klein?
- Ist deine Vagina eher groß oder eher klein?
- Magst du es, mit Sperma angespritzt zu werden?
- Wie alt warst du beim ersten Mal?
- Wie alt war dein Partner?
- Beschreibe, wie du entjungfert wurdest.

- Hat es sehr wehgetan? Hast du geblutet?
  - Bist du gekommen?
  - Wie war es für dich?
- Hattest du schon mal Sex in der Öffentlichkeit?
- Was magst du an deinem Körper nicht?
- Was findest du an deinem Körper toll?
- Bist du schon mal beim Sex erwischt worden? Wie war das?
- Wie befriedigst du dich selbst?
- An was denkst du dann dabei?
- Auf welchen Typ (Mann oder Frau) stehst du?
- Wie würdest du deine sexuellen Leistungen selbst bewerten?
- Was kannst du besonders gut?
- Mit wie vielen Partnern hattest du schon Sex?
- Hast du schon homosexuelle Erfahrungen gemacht?
  - Wie kam es dazu?
  - Wie war es für dich?
  - Was habt ihr gemacht?
  - Würdest du dich als bisexuell bezeichnen?
  - Mit wie vielen gleichgeschlechtlichen Partnern hattest du schon Sex?
- Benutzt du gelegentlich einen Dildo?
  - Wie handhabst du ihn?
  - Kommst du durch ihn zum Orgasmus?
- Bist du beim Orgasmus eher laut oder leise?
- Wie oft kannst du kommen, wenn du dich selbst befriedigst?
- Wie oft befriedigst du dich selbst in der Woche?
- Hattest du schon mal Sex mit mehreren Menschen gleichzeitig?
  - Wie viele waren es?
  - Wie kam es dazu?
  - Beschreibe, was ihr gemacht habt!
- Was würdest du sexuell gerne einmal ausprobieren, wenn du die Sicherheit hättest, dass dir nichts passieren kann?

- Hat deine Brüste/Pussy/dein Penis einen Namen? Wie nennst du sie/ihn?
- Hattest du schon einmal ein peinliches Sexerlebnis?
  - Beschreibe es!
  - Wie kam es dazu?
- Hast du ab und an One-Night-Stands (ONS)?
  - Wo findest du deine ONS?
  - Beschreibe, wie es beim letzten Mal war!
- Welche sexuellen Tabus hast du?
- Welche sexuellen Praktiken magst du besonders?
- Was ist deine Lieblingsstellung?
- Steckst du dir ab und an etwas in den Po, um dich sexuell zu stimulieren (was, wie)?
- Magst du Analverkehr?
  - Wie oft hast du das schon praktiziert?
- Schluckst du gerne Sperma?
- Hast du als Mann schon einmal dein eigenes Sperma gekostet?
- Sind deine Orgasmen eher vaginal oder klitoral?
- Hast du schon einmal das Poloch eines Sexpartners geleckt?
  - Hat es dir gefallen?
- Magst du es, selbst am Poloch geleckt zu werden?
  - Wie war das für dich?
- Hast du schon mal die Füße eines Sexpartners liebkost?
  - Hat du sie geleckt und/oder geküsst?
- Bist du schon einmal angepinkelt worden?
- Hast du schon mal jemanden angepinkelt?
- Hast du schon mal aus Mitleid mit einem Mann/Frau geschlafen?
  - Warum hattest du Mitleid und wie war es?
- Hast du schon einmal mit einem Mann/Frau geschlafen, obwohl du eigentlich nicht wolltest?
  - Warum hast du das getan?

- Was hast du dir schon alles in deine Vagina/Penis/Harnröhre eingeführt?
- Wie fühlst du dich bei all den Fragen?
- Was war dein langweiligstes Sexualerlebnis?
- Hast du schon einmal deinen Freund betrogen? Warum? Wie? Mit wem?
- Was ist deine härteste Fantasie?
- Was war dein schlechtestes Sexerlebnis?
- Würdest du gegen Bezahlung oder für einen Gefallen mit einem Mann/einer Frau schlafen?
- Nenn mir die ungewöhnlichsten Orte, an denen du schon Sex hattest!
- Beschreibe das Aussehen deines Kitzlers!
- Welche Sextoys besitzt du und welches ist dein Lieblingsspielzeug?

Sollten einige der Fragen für die Person belastend sein (Aufgrund schlechter Erlebnisse), so lasse sie einfach weg. Dieses Spiel kann zum Beispiel auch über Skype geführt werden.

#19 COUNTDOWN

Keine

Bei dieser Aufgabe muss die Person, wenn sie langsam zu ihrem Orgasmus kommt, anfangen einen Countdown herunter zu zählen. Der Countdown beginnt bei »Zehn« und endet bei »Null«. Das Herunterzählen muss sie so steuern, dass sie bei »Null« auch kommt. Will der Aufgabensteller gemein sein, kann er den Countdown auch einfach unterbrechen, indem er »Stopp« sagt oder eben einfach aufhört, die Person zu reizen. Dann muss die Person wieder bei »Zehn« anfangen, sobald sich der Orgasmus wieder nähert.

#20 PEEPSHOW

Keine

Für diese Aufgabe muss sich die Person selbst befriedigen, wie sie es normalerweise für sich macht. Sie befindet sich allein in einem Raum und platziert sich so, dass man sie durch das Schlüsselloch der Zimmertür gut beobachten kann. Der Aufgabensteller darf wie in einer Peepshow durch das Schlüsselloch der Zimmertür zuschauen. Natürlich kann man das auch mit Gästen spielen, so dass die Person nicht weiß, ob oder wer gerade zuschaut.

#21 WUNDERKERZEN

Wunderkerzen

Für diese Aufgabe benötigt man einige Wunderkerzen. Das »Opfer« wird dabei stehend mit nach oben gefesselten Armen platziert. Die Beine sind gespreizt.

Nun entzündet man die Wunderkerze und fährt ganz nahe am Körper entlang. Die kleinen, heißen Funken spritzen nun auf die Haut, prallen daran ab und hinterlassen minimale Schmerzreize. Der visuelle Effekt ist aber fantastisch.
Bitte achtet darauf, dass die Funken vom Körper abprallen können und nicht auf dem Körper liegen bleiben. Dies kann ansonsten zu kleinen Verbrennungen führen (Entzündungen). Haltet euch auch unbedingt von den Haaren fern und lüftet danach gegebenenfalls die Wohnung. Die Verbrennungsrückstände sind leicht toxisch.

Risiken: Entzündungen, angebrannte Haar

#22 WACHSBRUST

Kerze

Bei dieser Aufgabe muss die Person unter Zuhilfenahme von Kerzenwachs einen Abdruck ihrer beiden Brustwarzen anfertigen. Den Abdruck muss die Person dann vorsichtig von der Haut ablösen, damit er nicht beschädigt wird. Dieser ist beim nächsten Treffen zu übergeben oder es wird ein Beweisfoto davon angefertigt und per E-Mail verschickt. Idealerweise nimmt man dazu farbige Kerzen, damit man die einzelnen Hautfalten besser erkennen kann. Achtet unbedingt darauf, nur Kerzen zu benutzen, die einen niedrigen Schmelzpunkt haben (kein Bienenwachs!).
Am besten testet ihr die Temperatur des flüssigen Wachses vorsichtig auf dem Handrücken.

Normalerweise benötigt man zirka 30–40 Wachstropfen, um einen guten Abdruck zu erstellen.

#23 REZENSION

Keine

Bei dieser Aufgabe muss sich die Person einen Pornofilm anschauen und im Anschluss daran eine ausführliche Rezension schreiben. Teil der Rezension sind folgende Punkte:

- Beschreibung der Darsteller
- Beschreibung der Handlung
- Beschreibung der Gesichter beim Orgasmus
- Beschreibung der Geschlechtsmerkmale
- Welche Szene war am Erregendsten?
- Abschließendes Fazit

#24 SCHWANZKNEBEL

Keine

Redet die Person gerne ohne Unterlass?
Hier eine angenehme Methode, sie zum Schweigen zu bringen. Die Person muss eine längere Zeit das schlaffe Glied des Aufga-

benstellers in den Mund nehmen und es dort belassen. Es geht nicht um Oralverkehr, sondern wirklich nur darum, das Glied als Knebel im Mund zu behalten. Schon nach wenigen Minuten wird das richtig anstrengend und es entsteht eventuell sogar ein Würgereiz. Legt unbedingt ein Handtuch unter, weil die Person schnell zu sabbern beginnt.

#25 DIE NACHT IN HANDSCHELLEN

Hand- und Fußschellen

Bei dieser Aufgabe muss die Person mit Hand- und Fußschellen gefesselt schlafen. Beachtet dabei, dass ihr die Person nicht alleine lasst und sie vorher auf Toilette war. Besonders anstrengend wird es, wenn man die beiden Ketten der Fuß- und Handschellen miteinander verbindet. Dann ist die Person nicht mehr in der Lage, sich auszustrecken. Stellt bitte sicher, dass ihr unbedingt den Schlüssel für den Notfall zur Hand habt. Diese Aufgabe ist wirklich unangenehm und wird rasch schmerzhaft.

Risiken: Zerrungen, Druckstellen, Kreislaufprobleme

26 SIEZEN

Keine

Bei dieser Aufgabe muss die Person den Aufgabensteller einen ganzen Tag lang siezen. Sollte sie aus Versehen ins »Du« zurückfallen, folgt natürlich eine Strafe auf den Fuß. Hierbei sind besonders Ohrfeigen gut geeignet, da man dafür keine »Spielzeuge« benötigt, sollte man gerade in der Öffentlichkeit unterwegs sein. In einem Hauseingang oder einer Umkleidekabine kann man die Strafe sofort vollziehen.

27 NUTTIGES OUTFIT

Keine

Diese Aufgabe kann sowohl auf Partys, privat oder aber als virtuelle Aufgabe durchgeführt werden. Die Aufgabe besteht darin, dass sich die Person in ihrem nuttigsten und offenherzigsten Outfit zeigen muss. Natürlich kann man auch einen Mann in Frauenkleider »zwingen«, was besonders peinlich ist.
Wird die Aufgabe virtuell durchgeführt, schickt die Person mehrere Fotos davon an eine ihr vorher genannte Mailadresse.

#28 MÜNZEN FESTHALTEN

10 Münzen

Bei dieser Aufgabe muss sich die Person an eine Wand stellen, wobei sich ihre Hände wie bei einer polizeilichen Festnahme an den Wänden befinden. Zwischen Wand und jedem Finger wird je eine Münze geklemmt, die die Person nun dort festhalten muss, egal was passiert. Fällt eine Münze herunter, erhält die Person eine Strafe. Nun wird die Person gereizt oder gezüchtigt. Ob eine Münze beim Orgasmus zu Boden fällt, oder wenn sich die Person unter den Schmerzen windet?

#29 DEPRIVATION

Ohrstöpsel, Ohrschutz, Augenbinde, Ringknebel

Bei dieser Aufgabe werden der Person fast alle Reize genommen. Die Ohren und Nase werden verschlossen, der Mund mit einem Ringknebel geöffnet und die Augen werden verbunden. Nun legt man die Person gefesselt auf den Boden oder bindet sie auf dem Bett liegend fest.
Jetzt beginnt das Warten.
Ab und an kann man die Person etwas erschrecken. Ein Hieb mit der Gerte, Kitzeln der Füße, eine Klammer an die Brustwarze, es

ist vieles möglich. Allerdings sollte der Schwerpunkt wirklich auf der Deprivation an sich liegen.
Bitte lasst die Person dabei niemals alleine, um im Notfall eingreifen zu können. Ihr könnt ja nebenher ganz entspannt ein Buch lesen.

Risiken: Kreislauf

#30 1-EURO-SEX

Keine

Die Person möchte sich etwas kaufen? Vielleicht ein paar neue Schuhe oder ein neues Spiel?
Nun, die Person kann sich das Geld gerne verdienen! Ab sofort bekommt sie für jede sexuelle Dienstleistung ein paar Euro.
Dafür wird eine Liste erstellt. Je umfangreicher und interessanter die Dienstleistung ist, desto mehr Geld bekommt sie dafür.
Hier mal ein paar Vorschläge:

Praktik	Bezahlung
Blowjob	1 €
Blowjob mit Schlucken	3 €
Po lecken	5 €
Achsel lecken	5 €
Beischlaf	5 €
Analverkehr	10 €
Handjob	1 €
Masturbationsshow	6 €

Natürlich könnt ihr das auf eure Bedürfnisse zu schneidern. Sobald die entsprechende Summe zusammen ist, kann sich die Person ihren Wunsch erfüllen.

#31 ECKESITZEN

Keine

Bei dieser Aufgabe muss sich die Person in eine Ecke setzen. Sie nimmt die Hände in den Nacken und berührt mit den Ellenbogen die Wände. Ihre Füße berühren ebenfalls die Wände (wenn die Person dies körperlich schafft), genauso wie die Knie. Somit ist ihr nackter Körper herrlich den Blicken ausgeliefert und es wird für die Person zudem sehr schnell unbequem und schmerzhaft.

#32 DIE KRASSESTE FANTASIE

Keine

Bei dieser Aufgabe muss die Person ihre krasseste Fantasie für ein Sexabenteuer in allen Einzelheiten schildern oder per Mail schreiben.

- Wo soll das ganze geschehen?
- Wann soll es geschehen?

- Wer soll die/der Partner sein?
- Was soll genau geschehen?
- Was wäre der Kick?

Es geht bei dieser Aufgabe nicht darum, etwas zu schildern, dass man unbedingt erleben möchte oder das realisierbar sein soll. Es geht nur um die Fantasie und sei sie noch so schräg und undurchführbar.

33 DAS AUFREGENDSTE SEXABENTEUER

Papier und Stift bzw. einen PC

Bei dieser Aufgabe muss die Person ihr aufregendstes, reales Sexabenteuer in allen Einzelheiten schildern, aufschreiben oder per Mail schreiben.

- Wo ist das ganze geschehen?
- Wann war das?
- Wer war die/der Partner?
- Wie kam es dazu?
- Was ist genau geschehen?
- Was war der Kick?
- Gibt es Fotos von damals?

usw.

Sexabenteuer von C.

Gestern war ich auf ner Party.

Ein Freund von mir hatte Geburtstag.

Er heißt Chris. (Name ist natürlich frei erfunden, eigentlich heißt er ja Frank.)

Das ist so ein süßer, netter, sportlicher Junge, dem die Frauen zu Füßen liegen.

Ich mag ihn und hab sogar schon mal von ihm geträumt.

Also so einen Rudelwildrammeltraum.

In real würden wir wohl nie irgendetwas miteinander anfangen.

Wir mögen uns, kennen uns auch schon viel zu lange und haben den Zeitpunkt irgendwie verpasst.

Eigentlich schade.

Der ist soooo süß, nett und sportlich und die Frauen liegen ihm zu Füßen.

Ach, das hatte ich ja schon erwähnt.

Es waren so etwa 20 Leute da in der klassischen Mischung.

Acht Frauen, zwölf Männer (davon zwei schwul).

Die meisten kannte ich, aber eben nicht alle.

Wir tranken und quatschten, tanzten etwas und irgendwann verlagerte sich die Party dann in die Küche.

Das machen Partys doch eigentlich immer. In der Küche feiern immer die Coolen.

Wir standen also zu siebt in der engen Küche und tranken Sekt.

Die Stimmung war mittlerweile recht ausgelassen und ich unterhielt mich mit einer ganz süßen Maus.

Maus hatte wohl den einen oder anderen Blick auf Chris und ins Sektglas geworfen.

Sie fragte mich etwas über ihn und auch über mich aus.

Allerdings neige ich nicht zur Indiskretion.
Das Mädel war so eine richtige nordische Schönheit. Gertenschlank, lange Blondiehaare und einen Ausschnitt, in dem ich gerne versunken wäre.
Es ist schön, bisexuell zu sein.
Ne knallenge Jeans hielt einen 22-jährigen Mörderarsch zusammen und sie konnte auf Schuhen laufen, mit denen ich nicht einmal sitzen konnte.
Am liebsten hätte ich sie entführt und mich an ihr gerieben.
Aber so was von.
Die war wirklich lecker.
Da ich meine erotischen Abenteuer aber nur außerhalb meines Freundeskreises erlebe, hielt ich mich dezent zurück.
Don't fuck the company.
Wir tranken immer weiter und auf einmal wollte sie Bruderschaft mit mir trinken.
Aber hallo, da sage ich nicht Nein.
Weiche Lippen und Sektgeschmack.
Und ihre Zunge.
Ups, da war ich nun doch etwas überrascht.
Nach unendlichen drei Sekunden ließ sie von mir ab und lächelte mich an.
Applaus in der Küche.
Nachdem sich die Aufregung wegen des Kusses wieder gelegt hatte, rückte sie mit der Sprache raus.
»Du, der Chris hat mir erzählt, dass du so erotische Spiele spielst.«
Ich denke, dass der Chris morgen ein Gespräch mit mir haben wird – und zwar ein lautes.
Überrascht antwortete ich nicht.
»Ich frage deshalb, weil ich so etwas auch mal gerne erleben würde.«

»Das ist wirklich nix besonderes«, versuchte ich etwas abzuwiegeln.
»Na ja, Chris hat mir da schon das eine oder andere erzählt.«
Das Gespräch mit Chris würde wohl noch lauter werden.
»Lass uns mal ins Bad gehen, da sind wir ungestört«, schlug ich vor.
Badtür abgeschlossen, ungestört.
Boah, wenn 20 Leute eine Toilette benutzen, hilft auch kein geöffnetes Fenster mehr ...
Unser Mädchengespräch möchte ich jetzt nicht in allen Einzelheiten wiederholen, aber als Ergebnis lässt sich festhalten, dass Blondie eine bisexuelle Schlampe ist.
Wir haben auch noch ordentlich rumgeknutscht und sie hat mich ganz schön durchgefingert, während ich an ihren Brüsten genuckelt habe.
Ab und an rüttelte es an der Tür, wir ließen uns davon aber nicht stören.
Sie hat so herrlich kleine Brustwarzen, die bei jeder Berührung sofort reagieren.
Das mag ich.
Und ich mag ihren Geruch.
Er ist zart, unaufdringlich, mit einer Moschusnote.
Sie hatte mittlerweile meinen Knopf zwischen Zeigefinger und Daumen und gab mir den Rest.
Mein Speichel floss zwischen ihren Brüsten nach unten, als ich möglichst leise kam.
Das »leise Kommen« ist nun aber wirklich nicht meine Stärke.
Zum Glück war die Musik partymäßig aufgedreht.
Mittlerweile rüttelte es schon recht häufig und recht laut an der Tür.
Der Sekt und das Bier wollten wohl wieder dem Wasserkreislauf zugeführt werden.

Mit hochroten Köpfen verließen wir irgendwann das Bad und einer der Gäste bemerkte süffisant: »Typisch Mädels, immer zu zweit auf Toilette.«
Wenn der wüsste.
Wir warfen uns wieder ins Partygetümmel und versuchten uns nichts anmerken zu lassen.
Nächste Woche werden wir gemeinsam auf Tour gehen.
Ich ging wie so oft als einer der Letzten. Ein angetrunkener Chris brachte mich noch ganz Gentleman zur Tür und umarmte mich zum Abschied.
Meine Hände tasteten nach unten und ich griff ihm heftig in den Schritt.
Die Hodenquetsche hatte zugeschlagen.
Er zuckte erschrocken zusammen und ging auf die Knie.
»Das ist dafür, dass du Blondie von meinen Erlebnissen erzählt hast.«
Keuchend stieß er die Luft aus.
Ich ließ seine Hoden los und gab ihm einen Kuss.
»Und das ist dafür, dass du es Blondie erzählt hast.«
Ich drehte mich um und ließ einen fluchenden Chris zurück.

#34 DIE EISWÜRFEL

Eiswürfel

Bei dieser Aufgabe muss sich die Person mehrere Eiswürfel anal und/ oder vaginal einführen. Danach geht man mit der Person spazieren. Das Eis beginnt langsam zu schmelzen und die Person wird kaum in der Lage sein, das Schmelzwasser zu halten. Es gibt peinliche Wasserflecken auf der Hose und es entsteht ein unangenehmes Gefühl. Treppenhäuser sind auch gut geeignet, das Gefühl der Hilflosigkeit und Peinlichkeit zu verstärken. Ist die Person eine Frau und trägt keine Unterwäsche (dafür aber einen kurzen Rock), so wird das Schmelzwasser an ihren Schenkeln herunterlaufen. Bitte achtet darauf, dass die Eiswürfel beim Einführen keine scharfen Kanten besitzen. Diese können ganz einfach mit etwas warmem Wasser entfernt werden. Alternativ kann man die Eiswürfel auch einfach in den Slip stecken.

35 DAS SLIP-FOTO

Mobiltelefon

Bei dieser Aufgabe bekommt die Person während der Arbeitszeit folgende SMS:
»Sende mir innerhalb der nächsten 15 Minuten ein Foto, auf dem du deinen eigenen Slip im Mund trägst. Die Hälfte des Slips ist dabei im Mund, die andere Hälfte schaut heraus«.
Die Person muss nun rasch zur Toilette gehen, sich dort teilweise entkleiden und dann das Foto machen. Die Person sollte dabei nicht vergessen, unbedingt die Toilettentür zu verschließen. Es ist schon ein seltsames Gefühl, wenn dann zum Beispiel ein Kollege in der Nachbarkabine sitzt ...

#36 DAS LIEBESGEDICHT

Papier und Schreibutensilien

Bei dieser Aufgabe muss die Person ein sich reimendes Liebesgedicht schreiben. Es muss mindestens einen Umfang von drei Versen haben. Jeder Vers hat minimum vier Zeilen.
Jeder, der schon einmal ein Gedicht geschrieben hat, weiß, wie anstrengend es sein wird. Auch diese Aufgabe kann virtuell gestellt und erledigt werden.

#37 DER EDDING

Fotokamera, Filzstift

Bei dieser Aufgabe muss die Person ihr Geschlecht mit einem wasserfesten Filzschreiber anmalen. Wichtig dabei ist, dass die empfindlichsten Stellen bemalt werden. Zum Beispiel kann man ja den Namen des Aufgabenstellers quer über den Schamhügel oder entlang des Penis' schreiben lassen.
Oder der reizbare Teil, wie zum Beispiel die Klitoris oder die komplette Eichel, sowie Brustwarzen werden völlig übermalt.
Natürlich kann man auch diese Aufgabe noch erschweren, indem man die Person anweist, zum Beispiel in einem Swingerclub alle Anwesenden zu bitte, ihr ein Autogramm auf den Körper zu

schreiben. Es ist schon ein seltsames Gefühl, wenn die Rosette, der Kitzler, die Brustwarzen, der Penis und Hoden (eventuell sogar von Fremden) angepinselt werden. Abgesehen davon benötigt man auch schon einige Zeit, um die Spuren dieser Strafe zu beseitigen.

Ein Beweisfoto ist leicht per E-Mail zu verschicken.

Eine Variation der Aufgabe kann wie folgt aussehen:

Die Person bekommt die Anweisung, stets einen Edding dabei zu haben. Zu einem bestimmten Zeitpunkt erreicht die Person dann eine SMS, dass sie sich nun den Kitzler oder die Eichel mit diesem Edding anmalen muss. Ein Beweisfoto wird per Smartphone versendet. Der Zeitpunkt kann so gewählt sein, dass die Person eine Toilette aufsuchen muss, weil sie gerade beim Shoppen ist oder auf der Arbeit.

Erschwerend kann man von der Person verlangen, die SMS an eine unbekannte Nummer (zum Beispiel an einen Freund) und nicht an den Aufgabensteller zu versenden.

38 DER SCHLÜSSEL IM EISWÜRFEL

MISC

Hand- und Fußschellen, Eiswürfelmacher

Bei dieser Aufgabe muss die Person den Schlüssel ihrer Hand- und Fußschellen in einen Eiswürfel einfrieren. Mit dem Schlüssel wird auch ein langer Faden eingefroren. Der Schlüssel darf dabei aber **NICHT** an den Faden gebunden werden. Der Schlüssel mit dem Faden muss nun von der Person selbst oder dem Aufgabensteller unter Zuhilfenahme eines Deckenhakens oder Klebestreifens an

der Zimmerdecke befestigt werden. Der nächste Schritt besteht nun darin, dass die Person sich die zum Schlüssel gehörenden Hand- und Fußschellen anlegt. Dabei müssen die Handschellen unter die Fußschellen hindurchgeführt werden, sodass ein Aufstehen für die Person unmöglich wird.
Der Eiswürfel beginnt nun langsam zu schmelzen und wird irgendwann den Schlüssel freigeben, der dann zu Boden fällt. Erst jetzt ist die Personen wieder in der Lage, ihre Schellen entfernen zu können. Je nach Größe des Eiswürfels und der Raumtemperatur kann dies mitunter recht lange dauern. Am besten testet ihr das einmal aus, bevor ihr die Eis-Zeitschaltuhr dann real »ticken« lasst. Deine Anwesenheit als Aufgabensteller ist für die Erfüllung dieser Aufgabe nicht erforderlich, da sie von der Person, die zur Erfüllung bestimmt wurde, auch alleine umgesetzt werden kann. In diesem Falle besteht die Möglichkeit, sich die einzelnen Aufgabenschritte mittels Fotos dokumentieren und zusenden zu lassen oder aber die Webcam einzuschalten.

39 KERZENFESSEL

24 Kerzenständer mit Kerzen

Bei dieser Aufgabe legt man die Person nackt auf den Boden, mit gespreizten Armen und Beinen. Ihre Augen werden verbunden. Nun stellt man die Kerzen um den Körper herum und zwar so, dass die Kerzenständer den Körper berühren. Bewegt sich die Person, wird sie zwangsläufig eine oder mehrere Kerzen umstoßen. Die Aufgabe liegt nun darin, dass eben keine Kerze umfällt, egal was mit der Person gemacht wird.

Man kann sie nun mit Wachs beträufeln, Klammern setzen, sie bis zum Orgasmus reizen usw.
Jedes Zucken kann dazu führen, dass eine der Kerzen umfällt ...
Fällt eine Kerze um, erfolgt eine Bestrafung.

#40 ORGASMUSVERBOT

EGAL

Keine

Die Person bekommt ein tagelanges Orgasmusverbot auferlegt. Das Problem ist meistens die Kontrolle. Daher ist diese Aufgabe am besten für einen gemeinsamen Urlaub geeignet. Richtig gemein ist es, wenn sich der Aufgabensteller durch die Person permanent befriedigen lässt oder sich vor den Augen der Person selbst befriedigt. Es gibt auch sogenannte Keuschheitsgürtel, die eine Selbstbefriedigung verhindern.

#41 ORGASMUSVERBOT DIE ZWEITE

EGAL

Keine

Bei dieser Variation darf die Person erst dann wieder einen eigenen Orgasmus haben, wenn sie dem Aufgabensteller eine bestimmte Anzahl von Orgasmen »geschenkt« hat.

Sprich, erst wenn der Aufgabensteller zum Beispiel zehn eigene Orgasmen hatte, darf die Person einen haben. Man kann davon ausgehen, dass die Person sexuell sehr aktiv sein wird, um möglichst rasch wieder einen eigenen Orgasmus bekommen zu dürfen.

42 ÖFFENTLICHER BLOG

Internetzugang

Bei dieser Aufgabe wird die Person angewiesen, einen öffentlichen Blog (anonym) zu schreiben, in dem sie alle erotischen Erlebnisse, Aufgaben und Strafen teilen muss. Dafür gibt es entsprechende Communitys und Foren, die auch das Thema Jugendschutz sicherstellen können. Natürlich kann man dort auch Beweisfotos posten.

43 KERZENPENDEL

Kerze und Schnur

Bei dieser Aufgabe bindet ihr eine oder mehrere Kerzen an einer Schnur fest und zwar so, dass sie nahezu waagrecht in der Luft schweben. Das andere Ende befestigt ihr an einem Deckenhaken

oder einer Lampe. Die Schnur muss so lang sein, dass die Kerze zirka einen Meter über dem Boden schwebt. Nun muss sich die Person darunterlegen. Die Kerze wird entzündet und zum Pendeln gebracht. Nun tropft das flüssige Wachs auf die darunterliegende Person. Je nach Wachs, Schmerzempfindlichkeit und Tropfhöhe ist der Schmerzreiz von angenehm bis richtig schmerzhaft.
Legt am besten etwas darunter, damit ihr keine Wachsflecken auf dem Teppichboden bekommt.

44 FÜTTERN

0-99

Lebensmittel

Bei dieser Aufgabe wird die Person vom Aufgabensteller gefüttert. Hierfür wird aber kein Besteck verwendet.
Getränke laufen den Fuß entlang über den Zeh hinweg in den Mund der Person. Oder der Aufgabensteller spuckt das Getränk der Person in den Mund. Lebensmittel werden mit dem nackten Fuß oder dem Schuh zertreten und müssen dann von der Person mit dem Mund aufgenommen werden. Natürlich muss dann der Fuß oder der Schuh auch wieder mit der Zunge gereinigt werden. Natürlich kann man das Essen auch vorkauen. Entweder wird das Essen dann direkt in den Mund der Person gespuckt, oder der Aufgabensteller spuckt es auf einen Teller oder in einen Napf. Dann kann es die Person (mit oder ohne Besteck) daraus essen. In einem öffentlichen Restaurant kann das Übergeben der vorgekauten Speisen unsichtbar für die anderen Gäste durch einen Kuss erfolgen.

Natürlich kann man die Lebensmittel auch noch verfeinern ... etwas Spucke usw.
Oder die Person muss eine Erdbeere aus der Scham des Aufgabenstellers holen. Marmelade und Schokolade können auf die Geschlechtsteile oder das Poloch des Aufgabenstellers geschmiert werden, um sie dann sogleich wieder ablecken zu lassen.

45 KASTANIEN

Kastanien

Bei dieser Aufgabe muss sich die Person ungeschälte Kastanien in den Slip legen. Die Dornfortsätze der Schale sind wirklich echt gemein, vor allen Dingen, wenn man dann mit der Person spazieren geht.

46 ZAHNPASTASPIEL

Zahnpasta

Bei dieser Aufgabe muss sich die Person ihre Klitoris oder die Eichel mit Zahnpasta einschmieren und diese dann einige Minuten darauf belassen. Die Wirkstoffe der Zahnpasta (vor allen Dingen wenn Minze enthalten ist) verursachen bald ein Brennen. Es gibt auch Alternativen zur Zahnpasta, wie zum Beispiel zerquetschter Ingwer.

Risiken: Hautirritationen

47 MEMORY

Memory (mit Leerkarten)

Für dieses Spiel müsst ihr euch ein motivfreies Memory besorgen. Das sind einfach leere Memorykarten die man selbst bekleben oder beschriften kann. Auf diese Karten werden nun paarweise verschiedene Strafen mit Art und Umfang aufgebracht. Dann spielt der Aufgabensteller mit der Person Memory. Jedes Pärchen dass der Aufgabensteller findet, gibt ihm das Recht diese Strafe im Anschluss an das Spiel zu vollziehen.

48 ZAHNBÜRSTE

Elektrische Zahnbürste

Bei dieser Aufgabe wird der Person entweder der Kitzler oder die Eichel mit einer elektrischen Zahnbürste gereizt. Je nach ausgeübtem Druck ist es für die Person lustvoll oder schmerzhaft. Die hohe Vibrationsfrequenz gepaart mit den harten Borsten ergeben ganz neue Lustgefühle. Zudem wird man bei jedem Zähneputzen an diese Aufgabe erinnert.

Risiken: Hautreizungen

49 VORSCHLÄGE MACHEN

Keine

Bei dieser Bestrafung muss die Person selbst drei Strafen vorschlagen. Es dürfen allerdings keine üblichen Bestrafungen sein, sondern sie müssen etwas Besonderes sein – etwas, dass es bisher noch nicht gab. Die Person kann sich auch eine Strafe aus diesem Buch aussuchen oder muss drei Zahlen zwischen 1 und 222 sagen. Dann schlägt man hier nach, was unter der Aufgabe zu finden ist. Der Aufgabensteller sucht sich dann aus den drei Strafen die passendste aus.

50 KLAMMERSTRAFE

Wäscheklammern

Bei dieser Bestrafung werden der Person an verschiedenen Stellen Wäscheklammern befestigt. Dies können zum Beispiel der Venushügel, die Brustwarze, Nase, Zunge, Ohrläppchen, Schamlippen, die Haut am Oberarm, der Hodensack oder der Penis sein.

Bitte beachtet, dass längere Zeit angebrachte Klammern kleine Gewebeschäden hervorrufen können, wie zum Beispiel Blutergüsse und Nervenschäden. Also lasst die Klammern nicht zu lange dran.

Als Erweiterung kann man die Klammern mit einer langen Schnur verbinden und dann mit einem Ruck alle Klammern auf einmal wegreißen. Natürlich kann man die Klammer auch mit einer Peitsche wegschlagen.

Bitte beachtet dabei, dass beim Entfernen der Schmerz nochmals gesteigert wird, da dann das Blut zurück ins Gewebe fließt.

Risiken: Blutergüsse, Taubheitsgefühle

#51 DIE BESCHREIBUNG

Keine

Bei dieser Aufgabe muss die Person ihr Geschlechtsteil detailliert beschreiben. Hierzu muss sie alle Besonderheiten aufzählen (wie zum Beispiel Leberflecken, Behaarung, Piercings, Form, Größe usw.). Diese Beschreibung samt einem Foto schickt sie dann per Mail an den Aufgabensteller.

52 ICH DARF KEINE …

Papier und Kugelschreiber, Dildo/Plug

Bei dieser Aufgabe muss die Person wie früher in der Schule einen bestimmten Satz schreiben. Zum Beispiel: »Ich darf meine Herrin weder duzen noch ungebührlich ansprechen.«
Das ganze wird natürlich nicht nur einmal geschrieben, sondern als Strafe natürlich mindesten 50 Mal.
Als zusätzliche Erschwernis muss die Person ein Vibrator-Ei oder einen Analplug tragen.
Da kommt es sicherlich schnell zu Unaufmerksamkeiten ...

53 DER SCHUH

Getragene Schuhe

Bei dieser Aufgabe muss die Person ihr Gesicht im Schuh des Aufgabenstellers versenken und durch die Nase atmen. Ein darin platzierter und getragener Socken verstärkt die Demütigung. Man kann den Schuh auch mit einem Tuch oder Seil am Kopf fixieren und die Person muss dann eine Weile so herumlaufen. Ein weiterer im Mund fixierter Socken oder Slip stellt sicher, dass die Person auch wirklich durch die Nase atmet.

#54 DIE AUSPEITSCHUNG

Verschiedene Peitschen, Augenbinde

Bei dieser Aufgabe wird die Person mit verbundenen Augen gut fixiert und erhält dann mit einer der Peitschen einige Schläge.

Variante 1: Die Person muss nun erraten, mit welcher Peitsche sie geschlagen wurde. Liegt sie falsch, wird die Peitsche zurückgelegt und eine andere genommen. Liegt sie richtig, scheidet diese Peitsche aus dem Spiel aus. Das Spiel läuft so lange, bis alle Peitschen richtig erraten wurden.

Variante 2: Nun wird die Person von verschiedenen Mitspielern geschlagen und die Person muss erraten, wer es war. Rät sie richtig, scheidet die Person aus, rät sie falsch, tritt die Person zurück und ein anderer Mitspieler macht weiter. Das Spiel läuft so lange, bis die Person alle Mitspieler erraten hat. Das kann unter Umständen recht lange dauern, daher haltet euch in der Heftigkeit der Schläge zu Anfang zurück.

#55 ZUNGENKLAMMER

EGAL

1–2 Wäscheklammern

Diese Aufgabe eignet sich besonders dazu, freche oder geschwätzige Personen etwas zu disziplinieren. Man befestigt einfach 1–2 Wäscheklammern an der Zunge und belässt sie dort so lange, bis die Person Besserung gelobt hat. Natürlich sind dabei ihre Hände gut auf dem Rücken fixiert.

56 HAUSARBEITEN

Keine

Bei dieser Aufgabe muss die Person in Reizwäsche oder nackt Hausarbeiten verrichten. Bügeln, Staubsaugen, Fenster putzen (Vorsicht, Nachbarn), Schuhe reinigen usw. sind dafür die passenden Aufgaben. Diese Aufgabe kann man dahingehend noch erschweren, indem man der Person Wäscheklammern an den Brustwarzen befestigt, Dildos einführt oder Gewichte anhängt oder sie in High Heels arbeiten lässt. Man selbst sitzt genüsslich auf dem Sofa und beobachtet das ganze.

57 SELBSTFESSELUNG

Hand- und Fußschellen

Bei dieser Aufgabe gibt man der Person durch einen Anruf folgende Anweisung:

- Entkleide dich völlig.
- Lege dein Mobiltelefon in die Küche auf den Schrank.

- Hol einen Eimer und stelle ihn so hin, dass du ihn erreichen kannst
- Nimm Hand- und Fußschellen und fessle dich damit selbst. Die Ketten der beiden Fesseln verbindest du miteinander.
- Eine der Schellen führst du um das Heizungsrohr (oder etwas alternatives), damit du nicht wegkriechen kannst.
- Wirf den Schlüssel so weit weg, dass du ihn nicht mehr erreichen kannst.
- Dann warte auf mich.

Nun lässt man die Person warten ... Nach 1–2 Stunden beginnt die Person, langsam unruhig zu werden und der erste Harndrang setzt ein. Im Notfall kann sie dann den Eimer benutzen.
Irgendwann kommt man nach Hause. Doch das bedeutet nicht, dass die Person nun befreit wird. Lasst sie ruhig noch eine Weile in dieser Position. Sie kann ja erst einmal ein Fußmassage durchführen oder einen Blowjob. Wie lange und wie weit man das Spiel treibt, bleibt euch überlassen.
Achtung: Bitte stellt unbedingt sicher, dass eine weitere Person eingeweiht wird, die im Notfall die Situation auflösen kann. Nicht dass der Aufgabensteller verunglückt und die Person verdurstet.

58 DAS SKYPESPIEL

Kommt auf die Aufgabe an

Skype ist ein Video-Telefon-Dienst, der kostenlos nutzbar ist. Eine Suche im Internet wird euch die entsprechende Seite rasch finden lassen. Es gibt sicherlich auch noch Alternativdienste. Einfach googlen.

Skype kann eine oder mehrere Personen per Webcam miteinander verbinden. Die meisten Laptops haben mittlerweile eine integrierte Webcam.

Man kann nun dem Gegenüber klare Anweisungen geben, die dieser vor der Webcam erfüllen muss.

Aufgaben könnten zum Beispiel sein:

- Selbstbefriedigung
- Dildospiele
- Peinliche Befragungen (Siehe Aufgabe 18)
- Strippen
- Reizwäsche-Modenschau

Und natürlich viele der hier gestellten virtuellen Aufgaben.

59 DAS STRAFBUCH

Schreibheft

Bei dieser Aufgabe muss die Person ein Strafbuch führen. In dieses Buch werden all ihre Verfehlungen ganz akkurat eingetragen. Normalerweise muss das die Person selbst machen. Das Strafbuch wird dann einmal die Woche dem Aufgabensteller vorgelegt.

Die Einträge sehen beispielhaft wie folgt aus:

Verfehlung: Unhöflichkeit
Datum des Vergehens: 18.03.2012

Vorschlag für eine Bestrafung: 20 Mal schreiben: »Ich darf nicht unhöflich sein.«
Festgelegte Strafe: Toilette putzen
Abstrafer: ich selbst
Datum der Bestrafung: 19.03.2012
Foto:

Die ersten drei Zeilen füllt die Person aus, die zweiten drei Zeilen der Aufgabensteller. Natürlich kann man das Ganze auch mit einem Beweisfoto aufwerten und erhält so über die Jahre hinweg eine Art Tagebuch. So ein Strafbuch kann man auch führen, um bestimmte Leistungen zu fördern.
Vielleicht soll der Notendurchschnitt besser werden oder die Person soll abnehmen.
Das Strafbuch kann durchaus auch von einem Fremden überwacht werden, das steigert die Peinlichkeit noch. Das Strafbuch kann auch virtuell geführt werden. Einige Seiten im Internet bieten dies sogar direkt an, oder man macht sich die Mühe und erstellt eine eigene Homepage dafür oder führt einen Blog.

60 AKTSHOOTING

Keine

Diese Aufgabe eignet sich hervorragend für Personen, die schüchtern sind.
Die Person muss zu einem bestimmten Zeitpunkt in ein Fotostudio gehen und sich dort nackt fotografieren lassen. Geeignete

Fotografen findet man in entsprechenden Fotocommunitys oder Modelkarteien. Dort bieten Fotografen auch kostenlose Shootings an (TfP/TfCD = Time for print, Time for CD).
Idealerweise bespricht man mit dem Fotografen vorher alles, sodass er durch die Posing- und Regieanweisungen noch etwas mehr Scham hervorrufen kann. Noch besser ist es, wenn man den Fotografen gut kennt und nur ein Studio anmieten muss.
Im Idealfall übergibt man der Person einen Brief mit klaren Motivvorstellungen, der dem Fotografen ausgehändigt werden muss (wenn man nicht selbst dabei ist). Die Reihenfolge der Posings sollte sich von Softcore langsam zu Hardcore steigern. Hierbei können dann auch Sextoys eingesetzt werden.
Hier eine kurze Liste mögliche Motive:

- Beginn mit verdecktem Akt, z. B. sitzend, die Hände verdecken das nötigste.
  - Low-Key-Aufnahmen, ästhetisch
- Jetzt wir es pornografisch:
  - Stehend, Beine gespreizt, Hände hinterm Kopf
  - Rückansicht
  - Rückansicht gebückt, Po spreizen
  - Sich nackt auf dem Boden räkelnd
  - Auf allen vieren, Fotos von der Seite und von hinten
  - Auf dem Rücken liegend, Beine spreizen
  - Dann die Schamlippen aufziehen bzw. Penis masturbieren
  - Dildo vaginal oder anal einführen
  - Dildo in den Mund nehmen

Wie weit das geht und gehen kann, hängt natürlich von der Person ab. Achtet darauf, dass ihr mit dem Fotografen gegebenenfalls einen »Modelvertrag« abschließt, der es dem Fotografen verbietet, die Bilder ins Internet zu stellen oder öffentlich zu zeigen. Musterverträge findet ihr in entsprechenden Fotografie-Foren.

#61 EINSCHNEIDENDE GEWICHTE

Eimer, Seil

Bei dieser Aufgabe wird der Person ein Seil um die Hüfte gebunden. Der Knoten des Seiles befindet sich auf dem Rücken der Person. Nun führt ihr das restliche Seil zwischen den Beinen hindurch nach vorne und werft es über einen Deckenbalken oder führt es durch einen Haken. Am Ende des Seiles befestigt ihr den Eimer so, dass er frei schwingen kann. Nun beginnt man, langsam Wasser in den Eimer zu füllen. Das Seil beginnt sich rasch zu spannen und schneidet nun in die Scham der Person ein.
Je nach Wassermenge wird das innerhalb einer kurzen Zeit recht schmerzhaft werden. Hat man keinen Deckenbalken oder Haken zur Verfügung, hängt man das Gewicht einfach zwischen die Beine. Bei einem Mann kann man das Gewicht natürlich an den Hoden festbinden.

Risiken: Hautirritationen

#62 DIE VERSCHLOSSENE SCHAM

2 Essstäbchen und 2 Haushaltsgummis

Bei dieser Aufgabe muss die Person ihre Scham mit Hilfe von zwei Stäbchen und 2 Haushaltsgummis verschließen. Die Schamlippen werden dabei zwischen die beiden Stäbchen eingeklemmt und dann mit Hilfe der zwei Haushaltsgummis oben und unten fixiert. Ein Foto als Beweis kann diese Aufgabe in ein virtuelles Spiel integrieren.

63 DER WACHSABDRUCK

Kerzenwachs

Bei dieser Aufgabe (Variation von Aufgabe 22) muss die Person unter Zurhilfenahme von Kerzenwachs einen Abdruck ihrer Scham samt Kitzler anfertigen – entweder alleine oder mit der Hilfe einer vertrauten Person. Der Abdruck muss dann vorsichtig abgelöst werden, damit er nicht beschädigt wird. Dieser ist beim nächsten Treffen zu übergeben oder es wird ein Beweisfoto davon angefertigt und per E-Mail verschickt. Idealerweise nimmt man dazu farbige Kerzen, damit man die einzelnen Hautfalten besser erkennen kann. Achtet unbedingt darauf, nur Kerzen zu benutzen, die einen niedrigen Schmelzpunkt haben (Kein Bienenwachs!). Am besten testet ihr die Temperatur des flüssigen Wachses vorsichtig auf dem Handrücken.
Normalerweise benötigt man zirka 50–60 Wachstropfen, um einen guten Abdruck zu erstellen.

#64 DIE KLOBRILLE

Toilette

Bei dieser Aufgabe muss die Person ihren steifen Penis auf die Kloschüssel legen. Nun wird die Klobrille heruntergeklappt, damit der Penis zwischen Schüssel und Klobrille eingeklemmt ist. Nun kann der Aufgabensteller den Fuß auf die Klobrille stellen und mit etwas Druck den Penis leicht quetschen. Bitte achtet darauf, dass genügend Abstand zwischen Klobrille und Kloschüssel vorhanden ist, damit es nicht zu Verletzungen (Blutergüsse, Penisriss) kommt. Ist der Abstand groß genug, kann sich der Aufgabensteller auch auf die Klobrille setzen. Nun hat er die Person wehrlos zwischen seinen Beinen.

#65 HODENPRESSE

Hosen-Kleiderbügel

Bei dieser Aufgabe muss die Person ihre Hoden mit einem Hosenkleiderbügel einklemmen und als Erweiterung Gewichte daran befestigen. Nun kann man die Person etwas herumscheuchen oder sie auf allen vieren herumkrabbeln lassen. Es gibt verschiedene Varianten dieser Hosenkleiderbügel. Am besten sind die geeignet, bei denen die Hosenbeine mittels Hebel zwischen zwei Holzleisten eingeklemmt werden. Alternativ gehen auch Hosenkleiderbügel, die die Hosenbeine mit zwei Klammern einklemmen.

66 DIE PUPPE

Latexmaske

Bei dieser Aufgabe muss die Person für zwei Stunden eine Puppe sein. Zur Vorbereitung wird der Person am Morgen mitgeteilt, dass am Abend eine Aufgabe auf sie wartet.
Betritt sie am Abend die Wohnung, liegt folgender Brief für sie bereit:

Erfahrungsbericht von E.

»Du gehst in unser Schlafzimmer, eine Maske liegt dort für dich bereit.
Heute wirst du zur Puppe werden.
Die Maske besitzt eine Mundöffnung, sonst nichts. Auch zwei Ohrstöpsel liegen bereit.
Du setzt die Latexmaske auf, verstöpselt deine Ohren und erstarrst – nun bist du eine Puppe.
Du kannst nicht laufen.
Du kannst dich nicht eigenständig bewegen.
Aber du bist flexibel.
Du wirst betrachtet.
Hände bringen dich in Position.
Du verharrst.

Du bist ein Objekt.
Du wirst gebeugt, gestreckt, bewegt.
Hände berühren dich.
Erkunden dich.
Du wirst hochgehoben und abgelegt.
Deine Beine werden geöffnet.
In Position gebracht.
Etwas dringt ein.
Jemand dringt ein.
Du weißt nicht, wer oder was.
Du bist erregt, aber eine Puppe zeigt keine Lust.
Du bleibst still.
Regungslos.
Irgendwann ist es vorbei.
Die Latexmaske fällt zu Boden.
Du bist wieder Mensch.
Willst du diese Puppe sein?«

67 GEFESSELT AM BETT

Fotoapparat, Gleitcreme, Kondome, Handtücher, Massageöl, Massagestab, Vibratoren, Plugs, BDSM-Spielzeuge wie Wachs, Klammern usw

Bei dieser Aufgabe wird die Person für eine Stunde ans Bett gefesselt. Die Augen werden verbunden, die Ohren mit Ohrstöpseln verschlossen. Der Aufgabensteller kann/darf nun mit der Person machen, was er will. Das fängt mit Streicheln und Massieren an, kann aber auch Kitzeln sein. Natürlich kann man das Ganze auch mit Vibratoren, Analplugs usw. verschärfen. Als BDSM-Anteile sind der Einsatz von Peitschen, Klammern und Wachs möglich. Oralverkehr, Analverkehr, Vaginalverkehr machen es zu einem unvergesslichen Erlebnis. Die Person kann sich dabei ganz den Zärtlichkeiten und dem Lustschmerz hingeben. Durch diese sogenannte Deprivation werden der Person zwei Sinne entzogen. Das führt dazu, dass die anderen Sinne wesentlich intensiver arbeiten. Berührungen und Gerüche werden viel stärker wahrgenommen.

68 ICH STEHE ZUR VERFÜGUNG

Pappkarton, Filzstift

Bei dieser Aufgabe muss die Person ihren Körper so präsentieren, dass man Brüste, Po und die Scham/Penis und Hoden gut sehen kann. Idealerweise legt sich die Person dazu auf den Rücken und zieht die Beine gespreizt an den Körper. In der Hand hält sie den Pappkarton, auf dem folgender Satz geschrieben steht:

»Ich stehe heute Abend frei zur Verfügung.«

Mit einem Selbstauslöser kann sich die Person in dieser Stellung fotografieren und das Foto an den Aufgabensteller versenden. Natürlich ist diese Aufgabe auch für eine Erotikparty gut geeignet ...

#69 GYMNASTIK

Gerte, Klammern, Springseil, Bodenmatte

Bei dieser Aufgabe muss die Person Gymnastik betreiben und zum Beispiel eine bestimmte Anzahl von Liegestützen oder Kniebeugen machen. Nach jeder Liegestütze bekommt die Person als kleine Aufmunterung einen Schlag mit der Gerte auf den nackten Po. Weitere Schläge gibt es, wenn die Übung nicht korrekt oder zu langsam durchgeführt wird.

Weitere Sportübungen und deren Ausführung kann man rasch im Internet finden. Ideal sind dabei Übungen, bei denen die primären und sekundären Geschlechtsmerkmale besonders offen präsentiert werden.

#70 DER TISCH

0-99 1-2

Keine

Bei dieser Aufgabe muss die Person eine bestimmte Zeit als Tisch dienen. Sie kniet dabei auf allen vieren und macht einen geraden Rücken. Auf dem Rücken wird nun zum Beispiel ein Glas und der Aschenbecher platziert.

Das ist praktisch und ein schöner Anblick. Da der Tisch keine Kleidung trägt, kann man auch schön an ihm rumspielen. Es gibt

natürlich auch alternative Möbelstücke, wie Aschenbecher, Regal, Blumenvase usw.
Künstler wie Allen Jones und David Blázquez haben das Thema »menschliche Möbel« künstlerisch umgesetzt. Schaut einfach mal im WorldWideWeb nach.

Risiken: Keine, wenn man es nicht zu lange macht.

#71 DIE LIEBLINGSSENDUNG

Keine

Bei dieser Aufgabe muss sich die Person mit dem Rücken zum Fernseher hinsetzen und zwar dann, wenn seine Lieblingssendung gerade läuft. Das WM-Finale beim Fußball wäre zum Beispiel für die meisten Männer der blanke Horror ... Um es etwas schwerer und anstrengender zu machen, kann man die Person auch gefesselt auf den Boden legen und ihre Augen verbinden.

72 FOLIENMUMIE

Frischhaltefolie

Bei dieser Aufgabe wird die Person mittels Frischhaltefolie zu einer Mumie eingewickelt. Geeignete Folien bekommt man im Großhandel (Verpackungsfolie) in unterschiedlichen Farben. Achtet darauf, dass die Person immer gut atmen kann und legt eine Schere bereit. Sollte es durch die beengende Wirkung der Folie zu einem Kreislaufproblem kommen, könnt ihr die Person damit rasch befreien. Wenn man der Person vorher reichlich Tee zu trinken gibt, wird bald ein Harndrang einsetzen ...

73 SEILHÜPFEN

Hüpfseil, Gerte, Wäscheklammern

Bei dieser Aufgabe muss die Person nackt Seilhüpfen und zwar eine vorher festgelegt Anzahl. Jedes Mal, wenn sie sich »verhüpft« oder absetzt, bekommt sie eine Strafe und das Ganze beginnt von vorne. Als Strafe kann man zum Beispiel für den Rest der Übung eine Klammer an ihre Brustwarze bzw. Scham-/Hodenbereich befestigen oder sie bekommt einen Hieb mit der Gerte. Die Übung kann man noch erschweren, indem man der Person anal einen Plug einführt, der dort während der ganzen Übung verbleibt. Es ist für den Aufgabensteller ein hübscher Anblick, wenn die Brüste oder der Penis wild umherhüpfen.

74 AUGENKONTAKT

Keine

Bei dieser Aufgabe darf die Person für einen bestimmten Zeitraum keinen Augenkontakt zu irgendjemandem haben. Verstößt sie gegen diese Regel, erhält sie sofort eine Strafe (zum Beispiel Ohrfeigen). Auf Dauer ist das anstrengend und äußerst schwierig, da wir so erzogen sind, dem anderen beim Sprechen in die Augen zu schauen.

75 MIT EINWEGGUMMIS BESCHIESSEN

Einweggummis

Bei dieser Aufgabe wird die Person gut fixiert und dann von 3–4 Metern Entfernung mit großen Einweggummis beschossen. Man kann natürlich ein Zielschießen machen, indem man befestigte Klammern abschießt oder bestimmte Stellen wie zum Beispiel die Brustwarzen treffen muss. Bitte achtet darauf, nicht das Gesicht zu treffen (Augen!).

76 DIE VERKOSTUNG

Verschiedene Lebensmittel, Süßigkeiten, Obst, Gewürze

Bei dieser Aufgabe werden der Person zuerst die Augen verbunden. Nun gibt man ihr immer gleichzeitig zwei kleine Portionen Lebensmittel zu kosten. Die Person muss nun erraten, welche Lebensmittel sie gerade isst. Liegt sie falsch, muss sie ein Kleidungsstück ablegen. Dabei sollte man etwa doppelt so viele Lebensmittelkombinationen haben, wie die Person Kleidungsstücke trägt. Schließlich wollen wir die Person ja nackt sehen.
Bitte achtet auf eventuell vorhandene Unverträglichkeiten und Allergien. Es gibt auch eine ekelhafte Variante davon, doch dazu kommen wir später.

77 HIGH-HEELS-FICK

High Heels

In diesem Falle muss sich die Person auf allen vieren vor dem Aufgabensteller hinknien (Position Platz, siehe Aufgabe 1). Der Po zeigt zum Aufgabensteller. Nun setzt der Aufgabensteller ihren Schuh auf den Po der Person und zwar so, dass sie mit dem Absatz in den Anus eindringen kann. Durch Wippen mit dem Fuß kann der Aufgabensteller die Person nun »ficken«.

Achtung: Entfernt vorher am Absatz alle scharfen Kanten und benutzt ein Kondom und etwas Gleitgel.

78 ADVENT

Ein Advent-Leerkalender

Für diese Aufgabe benötigt man einen Leerkalender für Weihnachten. Diesen kann man sich entweder selbst basteln oder kaufen. Nun wird auf jeder Seite oder in jedes Fach eine Aufgabe oder Strafe notiert, die die Person erfüllen muss. Mittlerweile gibt es auch Online-Adventskalender, die man virtuell füllen kann.
Besonders interessant wird es, wenn die Person selbst die 24 Strafen vorschlagen muss. Dann bekommt man gleichzeitig auch noch einen guten Überblick über Wünsche und Fantasien der Person.

79 STRAFEN UND JOKER

20 kleine Zettel

Bei dieser Aufgabe schreibt man Strafen auf kleine Karten und legt diese mit der Schrift nach unten auf einen Tisch. Eine Karte wird mit dem Wort »Ende« beschriftet.

Die Karten werden gut gemischt.
Nun muss die Person eine Karte ziehen und die Strafe, die darauf geschrieben steht, wird an ihr vollzogen.
Danach zieht die Person die nächste Karte.
Das macht sie so lange, bis sie die Karte mit dem Wort »Ende« zieht.
Besonders hart ist es, wenn auf allen Strafkarten zum Beispiel »3 Rohrstockschläge« steht. Mit jeder Strafe wird der Po stärker schmerzen.

Risiken: Keine, wenn man es nicht übertreibt

80 EISSITZEN

Eisblock

Bei dieser Aufgabe muss die Person mit ihrem Scham- und Dammbereich auf einem Eisblock sitzen. Diesen kann man im Winter leicht draußen finden, oder man friert eine mit Wasser gefüllte Plastikflasche oder Plastiktüte ein. Nach dem Einfrieren entfernt man die Tüte beziehungsweise die Flasche mit einem Messer. Den Eisblock legt man auf ein Handtuch und die Person muss nun nackt darauf Platz nehmen.
Der Eisblock verläuft dabei zwischen den Beinen. Bereits nach wenigen Minuten wird das richtig unangenehm und schmerzhaft.

Risiken: Keine, wenn man es nicht übertreibt

#81 ALKOHOLLEICHE

Spirituosen

Bei dieser Aufgabe muss die Person reichlich Alkohol trinken, bis sie wirklich stark berauscht ist. Sobald sie betrunken und müde ins Bett fällt, kann man sich herrlich an ihr vergehen. Es ist also eine Variante der Aufgabe 66, nur dass hier die Person mehr oder weniger wehrlos ist.
Bitte achtet unbedingt darauf, es nicht mit der Menge an Alkohol zu übertreiben. Lasst die Person nicht alleine, falls sie sich im Schlaf übergeben muss.

Risiken: Kopfweh

#82 DIE GESPANNTE SCHNUR 2

Schnur

Bei dieser Aufgabe wird der Person einen Schnur mehrfach um die Hoden gewickelt und dann mit einem Knoten fixiert. Das freie Ende befestigt man nun so am Hals der Person (zum Beispiel an einem Halsband), dass sie nicht mehr aufrecht gehen kann. Das heißt, die Schnur muss so stark gespannt sein, dass die Schnur am Hoden zieht, sollte sich die Person aufrichten. Über die Seillänge kann man also regulieren, wie schmerzhaft und unbequem das Ganze für die Person wird.

Wenn man dies nicht zu extrem macht, kann man so präpariert sogar mit der Person einen Spaziergang machen. Die Schnur läuft dann am Körper entlang nach oben und wird von der Hose und einem Hemd verdeckt. Nur den Slip muss man dann weglassen. Bei jedem Schritt spürt die Person nun ein unangenehmes und trotzdem erregendes Ziehen.

Ist das Seil zwischen Hoden und Halsband sehr kurz (zirka 40 Zentimeter) ist es der Person nicht mehr möglich zu stehen. Fesselt man nun die Hände hinter dem Rücken zusammen, ist die Person völlig wehrlos.

Risiken: Keine, wenn man es nicht übertreibt

JETZT GEHT ES RICHTIG ZUR SACHE

Nun wollen wir das Ganze etwas härter angehen. Nachfolgend findet ihr nun die Aufgaben, die euch richtig fordern werden. Trotzdem bleiben wir noch unter uns. Die Aufgaben sind somit für Paare gedacht, die die Lust am erotischen Schmerz und Demütigung für sich vertiefen wollen.
Einige Aufgaben werden euch vielleicht an eure Grenze bringen. Daher eine Bitte von mir – BDSM ist kein Wettbewerb, sondern soll dazu dienen, dass am Ende alle mit leuchtenden Augen und einem Grinsen nach Hause gehen.
Es geht immer um etwas Lustvolles, und alle Praktiken dienen daher auch nur dazu, ein schönes Erlebnis zu ermöglichen.
Die Aufgaben sind also eher der Weg als das Ziel an sich. Sollte euch also etwas nicht zusagen, keinen Spaß bringen oder euch nicht »kicken«, dann lasst es einfach und sucht euch etwas anderes aus.

83 DAS TISCHBEIN

Tisch oder Stuhl

Bei dieser Aufgabe muss sich die Person selbst einen Stuhl- oder Tischbein auf den Hodensack (Haut) stellen. Danach hat die Person als zusätzliche Aufgabe mehrere Fotos davon zu erstellen.

Über die Schwere des Stuhles/Tisches und die Anzahl der Fotos (Zeit) kann man von der Ferne regeln, wie schmerzhaft das Ganze für die Person wird.
Dies funktioniert im Übrigen auch bei Frauenbrüsten, wenn sie etwas größer und nicht zu fest sind.

Risiken: Keine, wenn man es nicht zu lange macht.

#84 KRONKORKEN

Viele Kronkorken

Bei dieser Aufgabe legt man Kronkorken mit den Zacken nach oben auf den Stuhl, auf den sich die Person setzen soll. Das wird recht schnell unbequem und ergibt herrliche Abdrücke auf der Haut. Möchte man dies zu einer dauerhaften Aufgabe machen, kann man die Kronkorken ganz einfach auf ein Brett oder direkt auf den Stuhl fest nageln.
Alternativ muss sich die Person eine bestimmte Zeit lang auf die Kronkorken stellen oder sich mit der Brust darauf legen.
Achtung: Das Knien auf Kronkorken kann zu Schädigungen der Knorpel führen, also bitte unterlassen.

85 DER KLEIDERBÜGEL

Hosen-Kleiderbügel

Bei dieser Aufgabe wird der Person ein Hosen-Kleiderbügel an den Brustwarzen befestigt. Diese besonderen Kleiderbügel haben zwei verschiebbare Klammern am Steg befestigt. So kann man den Abstand der beiden Klammern zueinander auf die Brustwarzen abstimmen. Sobald die Brustwarzen geklammert sind, kann man die Person daran umherführen (Hände fesseln) oder den Kleiderbügel mit einer Schnur an einem Haken derart an der Decke befestigen, dass die Brustwarzen eine herzhaften Zug bekommen. **Achtung:** Achtet bitte darauf, dass ihr das nicht zu lange macht. Gerade starke Klammern unterbinden die Blutzufuhr in das betroffene Körperglied, was zu Gewebeschäden führen kann.

86 DER HAHN IST TOT

Keine

Bei dieser Aufgabe bekommt die Person die Anweisung, ein kleines Lied zu schmettern. Dafür eignet sich besonders das französische Kinderlied »Der Hahn ist tot«. Da das Lied ein Kanon ist, kann man auch bis zu drei Personen gleichzeitig singen lassen. Der Text geht wie folgt:

Der Hahn ist tot, der Hahn ist tot,
der Hahn ist tot, der Hahn ist tot.
Er kann nicht mehr schrei'n kokodi, kokoda, er kann nicht mehr schrei'n kokodi, kokoda,
koko koko koko kokodi, kokoda

Im Internet gibt es genügend Videos mit der Melodie zu finden. Um das Ganze noch peinlicher zu gestalten, kann man die Performance mit einem Smartphone auf Video aufnehmen und im Internet einstellen (Siehe Erotik-Communitys).

87 AUFGEHÄNGT

0-99

3 Meter Schnur und einen Bondagehook

Bei dieser Aufgabe umwickelt man die Hoden der Person einige Mal mit einer Schnur, sichert sie mit einem Knoten und befestigt sie dann an einem Deckenhaken oder Wandhaken. Dabei ist die Schnur so kurz zu halten, dass die Person auf Zehenspitzen stehen muss. Die Arme werden dabei auf dem Rücken gefesselt und die Augen mit einer Augenbinde bedeckt.
Nun lässt man die Person einfach stehen. Die Position wird rasch unbequem und schmerzhaft.
Achtung: Achtet permanent auf die Person und verlasst niemals den Raum. Sollte der Kreislauf der Person in Schwierigkeiten geraten, wird es rasch gefährlich. Daher legt auch ein scharfes Messer oder eine Schere bereit, um das Seil notfalls rasch durchschneiden zu können.

Diese Aufgabe kann man auch abwandeln, indem man einen sogenannten Bondagehook verwendet. Das ist ein gebogener Haken, auf dessen einer Seite sich eine Öse für ein Seil befindet und an dessen Hakenende eine Kugel mit etwa drei Zentimetern Durchmesser befestigt ist. Nun kann diese Aufgabe auch von einer Frau erfüllt werden, indem man den Hook mit der Kugel voran anal oder vaginal einführt.

Risiken: Vorsicht bei Kreislaufproblemen

88 ERHÄNGEN

5 Meter Seil

Bei dieser Aufgabe werden der Person die Handgelenke gefesselt und zwar so, dass noch etwa 4 Meter Seil übrig sind. Das restliche Seil wir durch einen Deckenhaken geführt und dann um den Hals gelegt und verknotet. Das Seil muss bei nach oben ausgestreckten Armen unter Spannung stehen.

Da die Person ihre Arme in dieser Position nicht lange halten kann, versucht sie, diese nach unten zu nehmen. Dadurch spannt sich aber das Seil um den Hals noch stärker und die Luftzufuhr wird beeinträchtigt. Bitte seid dabei unbedingt achtsam und beachtet meinen kurzen Exkurs zu den Würgereizspielen. Verwendet unbedingt Panicsnaps, um die Person im Notfall rasch befreien zu können.

Risiken: Ohnmacht, Herzstillstand

89 PIKSENDE ANGELEGENHEITEN

Karton, Alleskleber, Reißzwecken

Bei dieser Aufgabe werden zuerst kleine Pappstreifen ausgeschnitten, durch die Reißzwecken durchgestochen werden. Diese vorbereiteten Streifen können dann in den Slip oder den BH gesteckt werden – und zwar mit den Spitzen zur Haut. Nun darf sich die Person ganz normal anziehen. Nach und nach wird das eine richtig piksende Angelegenheit.

90 DAS MOBILTELEFON

Mobiltelefon, Kondom

Bei dieser Aufgabe muss sich die Person ihr eigenes Mobiltelefon vaginal einführen. Vorher wird der Vibrationsalarm eingestellt und ein Kondom darübergezogen. Die Tastensperre verhindert, dass sich irgendetwas verstellen kann. Ob man den Klingelton ausstellt, bleibt euch überlassen. Ein Klingeln im Schritt in der Öffentlichkeit kann allerdings seltsame Blicke hervorrufen.
Damit auch recht viele Anrufe ankommen, kann man den (eingeweihten) Bekanntenkreis darum bitten, es ab und an klingeln zu lassen. Nun bekommt die Person bei jedem Anruf einen Schreck

und ein (erregendes) Vibrieren. So wird ein Restaurantbesuch wirklich spannend ...

Risiken: Keine, wenn man es nicht zu lange macht.

91 SELF-FISTING

Fotokamera, Gleitgel

Bei dieser Aufgabe muss die Person sich selbst fisten. Fisten ist der englische Begriff für das Einführen einer Faust in die Scheide oder Anus. Durch langsames Dehnen unter Zuhilfenahme von Gleitmittel ist das normalerweise mit etwas Übung und Zeit für jede Frau zu schaffen. Nun, bei jeder Geburt geht dort ein ganzes Kind hindurch. Sobald die Hand ganz in der Scheide verschwunden ist, muss die Person davon gegebenenfalls ein Foto machen bzw. machen lassen und dem Aufgabensteller zusenden.

92 DIE ZAHNSTOCHER

4–5 Zahnstocher

Bei dieser Aufgabe wird die Person angewiesen, ihre Scham mit Zahnstochern aufzuspreizen. Sie muss die Zahnstocher also waagrecht zwischen die großen Schamlippen einklemmen und zwar so, dass sie von alleine halten. Das Beweisfoto wird dann per SMS oder Mail versandt. Ist der Aufgabensteller nicht anwesend und möchte aber, dass die Person die Zahnstocher eine Weile dort belässt, kann er einfach entsprechend viele Fotos verlangen. Pro Foto benötigt die Person etwa zwei bis drei Sekunden.

Erfahrungsbericht von K.

Auf den ersten Blick wirkte die Aufgabe recht einfach.

Zahnstocher zwischen die Pussylips.

Zahnstocher hatte ich noch von der letzten Party übrig, allerdings dienten sie damals zum Aufspießen von Käse und Weintrauben. Schlaraffenlanddeko.

In meiner Erinnerung schienen mir die Zahnstocher allerdings wesentlich kürzer zu sein ...

Acht Zentimeter lang und spitz, sehr spitz.

Langsam schwante mir Übles.

Ein erster Test an meiner Fingerkuppe schwemmte die Versuchung hoch, die Spitzen einfach abzuknipsen.

Auf dem Foto würde man das sicherlich nicht erkennen.

Zudem würden sie dadurch deutlich kürzer und somit auch wesentlich zarter auf meine empfindlichen Fleischfalten einwirken.

Doch irgendwie schien mir das nicht richtig zu sein.

Unloyal und respektlos.

Ich hatte mich ja freien Willens auf dieses Spiel eingelassen.

Der Fremde stellt mir virtuelle Aufgaben und ich würde sie mit Fotobeweis erfüllen.

Nun, ich bin ein neugieriger Mensch und wollte wissen, wie weit ich zu gehen bereit war bzw. wie weit mich der Fremde bringen würde.

Das Spiel wäre sofort vorbei, sollte ich eine Aufgabe nicht erfüllen.
Der Beginn war leicht gewesen.
Ein paar Grundstellungen einnehmen, meinen Körper präsentieren, Fantasien beschreiben, Dinge anal und vaginal in mich einführen.
Die peinliche Befragung via Skype war dann schon fordernder.
Fragen über Fragen.
Intimitäten.
Lust nach außen gekehrt.
Peinlichkeiten.
Er trug eine anonyme Maske.
Nur seine Augen konnte ich sehen.
Graublau.
Die Zahnstocher waren hellbraun.
Buchenholz poliert.
Und spitz, sehr spitz.
Nun denn, ich suchte mir drei der schönsten aus und setzte mich entspannt und splitterfasernackt auf den Boden.
Beine gespreizt, so wie ich es mache, wenn ich meinen Vibrator ... aber gut.
Mit dem Daumen und dem Zeigefinger der linken Hand zog ich meine Schamlippen auseinander.
Vorsichtig versuchte ich, den ersten Zahnstocher so zu platzieren, dass er von allein hielt, sobald ich meine linke Hand entfernte.
Boah, heftig.
Meine Beine spreizten sich noch weiter um dem Schmerz zu entgehen. Vor allen Dingen auf der linken Seite tat es höllisch weh.
Ich versetzte den Zahnstocher etwas und der Schmerz wurde erträglich.
Fast schon geil.

Nun denn, two Zahnstocher to go.

Den ersten hatte ich in der Mitte platziert, dort, wo sich die Scham am leichtesten spreizen ließ.

Mein Biologie-Leistungskurs sagte mir, dass die Zahnstocher zwei und drei noch etwas schmerzhafter sein würden, da meine Pussy dort enger war.

Nummer zwei hielt und ein süßer Schmerz lief durch meinen Unterleib.

Meine hübsch präsentierte Knospe fühlte sich herrlich an und ich begann, sie kurz zu streicheln.

One Zahnstocher to go.

Ich überlegte, was Zahnstocher auf Englisch heißt, kam aber nicht darauf.

Mittlerweile wurde ich feucht.

Der Schmerz war heftig, aber süß.

Ich wurde feucht und überlegte mir, wie es sich wohl anfühlen würde, wenn die Zahnstocher auf der glitschigen Pussy abrutschen würden ...

Der dritte Zahnstocher saß.

Lustschmerz tobte zwischen meinen Beinen und es wurde Zeit, die Fotos zu machen.

Er wollte immer mehrere Fotografien davon haben, damit ich mehr Zeit benötige.

Und Zeit war gleichbedeutend mit Schmerz.

Jetzt wusste ich auch, was ich vergessen hatte.

Den Fotoapparat.

Er lachte mich laut vom Tisch her an.

Sch...

Aufstehen ging nicht, es sei denn, ich wollte kleine Löcher für Schamlippenringe gestochen bekommen.

Zahnstocher raus.

Schmerz lass nach.
Höllenbrut.
Ich sank auf die Knie und presste den Schmerz mit meiner Hand fort.
Mit dem Fotoapparat bewaffnet wiederholte ich das ganze Prozedere.
Wenn jetzt der Akku leer ist, geht ein Fenster zu Bruch …
Glücklicherweise war er fast voll.
Sechs Fotos können eine Ewigkeit sein.
Kamera zur Seite, Zahnstocher entfernen und etwas jammern.
Dann wurde es herrlich warm und meine Hand fand ihr Ziel …

Ach ja, Zahnstocher heißt toothpick.

93 DIE SCHNUR

Schnur, Schere

Bei dieser Aufgabe wird das schlaffe Glied der Person mit einer Schnur abgebunden. Dabei umwickelt man den Penis mehrfach sehr eng und verknotet die Schnur. Danach kann man die Person erregen, die dann allerdings keine Erektion bekommen kann. Zudem schmerzt es auch etwas, sobald der Penis durch die Erregung etwas anschwillt. Legt euch unbedingt eine Schere bereit, um die Schnur im Notfall rasch durchschneiden zu können. Eine medizinische Schere findet sich in jedem Notfallverbandskasten. Als Erweiterung können auch die Hoden mit eingebunden werden.

Besonders fies ist es, wenn man den Penis nach hinten zwischen die Beine führt und mit den Hoden verbindet.

Risiken: Keine, wenn man es nicht übertreibt

94 DIE GESPANNTE SCHNUR

Schnur

Bei dieser Aufgabe werden der Person erneut die Hoden abgebunden. Bei dieser Aufgabe müssen allerdings zwei Schnurenden von jeweils einem Meter übrig bleiben.
Nun zieht man die Füße der auf dem Boden sitzenden Person möglichst nahe an die Hoden heran und bindet die zwei Enden der Schnüre jeweils an einen großen Zeh. Die Schnüre müssen dabei unter Spannung sein, damit etwas Zug auf die Hoden kommt. Nun legt man die Person auf den Rücken und fixiert die Hände der Person über dem Kopf oder auf dem Rücken.
Der Zug auf die Hoden wird nach und nach immer stärker werden, und damit natürlich auch der Schmerz. Natürlich kann man die Situation für die Person noch verschlimmern, indem man beginnt, sie zu kitzeln oder anderweitig zu reizen. Jedes Zucken des Körpers verschlimmert den Schmerz.
Legt unbedingt eine Schere bereit, um die Schnur in einem Notfall rasch durchschneiden zu können.

Risiken: Keine, wenn man es nicht übertreibt

95 KLAMMERN AM GEMÄCHT

Klammern

Bei dieser Aufgabe muss sich die Person eine festgelegte Anzahl von Wäscheklammern an Hoden und Penis befestigen. Die Person muss dann mehrere Beweisfotos knipsen und per Mail/SMS versenden. Die Intensität des Schmerzes ist dabei abhängig von der Bauart der Klammer, der Anzahl der Klammern und die Anzahl der Fotos (Zeit). Im Erotikfachhandel (BDSM) finden sich unterschiedliche Bauarten von Klammern, die mehr oder weniger heftige Schmerzreize verursachen. Natürlich kann man auch einfache Wäscheklammern verwenden.

Risiken: Keine, wenn man es nicht übertreibt

96 BLIND BONDAGE

2-3

Seile

Für diese Aufgabe benötigt ihr jemanden, der sich mit Bondage gut auskennt. Er sollte auch Suspensions (d. h. komplettes Aufhängen in Seilen) beherrschen.
Nun wird die Person mit verbundenen Augen an den Ort gebracht, an dem das Ganze stattfinden soll. Die Person wird entkleidet

und nun beginnt der Rigger (so nennt man einen Fessler im Fachjargon) seine Arbeit. Die Person wird sich schon bald nicht mehr wehren können und irgendwann schwebt sie frei, aber wehrlos in der Luft. Wie der Abend nun weitergeht, überlasse ich eurer Fantasie.

Achtung: Versucht das nicht selbst zu machen, sondern erlernt die Techniken vorher oder sucht euch jemanden, der das für euch macht. In diesem Zusammenhang verweise ich auf das Bondage-Handbuch von Matthias Grimme (siehe Anhang).

97 DAS WATTESTÄBCHEN

Wattestäbchen

Bei dieser Aufgabe wird der Person ein Wattestäbchen in die Harnröhre eingeführt. Das Einführen eines Wattestäbchens erzeugt ein Brennen und danach einen Juckreiz. Bindet die Person am besten vorher gut fest. Seid bei dieser Aufgabe etwas vorsichtig und übertreibt es nicht. Arbeitet unbedingt sauber und steril und macht euch vorher über dieses Thema kundig.

Risiken: Harnröhrenentzündung

98 KÜCHENUTENSILIEN

Fotokamera

Bei dieser Aufgabe muss die Person zehn Vorschläge machen, welches Utensil aus der Küche sie sich vaginal oder anal einführen könnte. Daraus wählt der Aufgabensteller dann eines aus. Auch diese Aufgabe kann virtuell mit Fotobeweis per SMS oder Mail gespielt oder aber sogar vor laufender Webcam ausgeführt werden.

99 FIGGING

Ingwerknolle

Figging* ist eine Sexualpraktik, bei der ein vorbereitetes Stück Ingwer (ähnlich wie ein Zäpfchen oder ein kleiner Butt Plug) in den Anus oder die Vagina eingeführt wird.

Da die im Ingwer enthaltenen ätherischen Öle – vor allem die zu den Scharfstoffen gehörenden Gingerole – die Schleimhaut erregen, führt dies zu einem fast sofortigen und anhaltenden Wärme- und Schmerzreiz an dieser Stelle.

Figging ist zwar schmerzhaft, aber im Gegensatz zu mechanisch verursachten Reizen ohne Verletzungsgefahr, denn die Hitze und

* Quelle: Wikipedia.

das Brennen sind nur gefühlt. Figging kann als demütigende Form der Körperstrafe empfunden werden und als solche ist die Praktik für BDSM-Spiele auch reizvoll. Zum anderen hat Figging den Nebeneffekt, dass die Geschlechtsorgane stärker durchblutet werden, wodurch wiederum die sexuelle Lust gesteigert und Orgasmen verstärkt werden können.

Die Wirkung des Ingwers baut sich innerhalb von etwa zwei bis fünf Minuten zu ihrem Höhepunkt auf und hält dann zwischen etwa 20 und 30 Minuten an (auch nachdem der Ingwer wieder entfernt wurde). Im Extremfall kann sich die Wirkung jedoch auch über einige Stunden hinziehen. Figging ist somit ein sogenanntes Tunnelspiel, das, wenn es einmal begonnen wurde, nicht mehr gestoppt werden kann.

Bei unserer Aufgabe wird eine Ingwerknolle zerrieben und die entstehende Paste ausgepresst. Der ausgepresste Saft wird dann auf einen Dildo aufgetragen. Dieser wird sodann anal oder vaginal eingeführt. Alternativ kann man den Saft auch mit einem Wattestäbchen in die Harnröhre einführen.

Die Stärke und Wirkungsart des Ingwersafts hängt von der Höhe der verabreichten Dosis ab.

Auch eine Rolle bei der Wirkungsstärke kann spielen, wie frisch der Ingwer ist.

Es empfiehlt sich, die Hände, die in Berührung mit dem geschälten Ingwer gekommen sind, gründlich mit Seife zu waschen und den Kontakt mit den Augen zu vermeiden. Auch sollte man sich vor dem Händewaschen nicht an den heiligsten Körperteilen kratzen, da man sonst schnell ungewollt auch in den Genuss der Ingwerwirkung kommt.

Alternativ kann man aus der Knolle auch einen kleinen Plug schnitzen und einführen.

Achtung: Bitte keine Alternativen wie Tobasco, Chili usw. verwenden. Das kann zu Schädigungen der Schleimhäute führen.

#100 DAS TEE-EI

Fotokamera, Tee-Ei

Bei dieser Aufgabe muss sich die Person ein Tee-Ei, das mit einem Eiswürfel gefüllt ist, vaginal oder anal einführen. Dort verbleibt es, bis der Eiswürfel geschmolzen ist. Man kann die Zeit bis zum Schmelzen auch damit verbringen, sich in ein öffentliches Café zu setzen. Wohin das Wasser wohl fließen wird?
Das Tee-Ei bitte unbedingt vorher gründlich reinigen und eventuell sogar desinfizieren.
Ganz wichtig: Es muss ein gut verschließbares Tee-Ei sein und die Kette bzw. der Faden, an dem man es wieder herausziehen kann, muss absolut reißfest sein.

Risiken: Wer zu Harnröhren-Entzündungen oder ähnlichem neigt, sollte es lieber lassen.

#101 DIE WACHSROSETTE

Die Wachsrosette

Bei dieser Aufgabe muss die Person unter Zuhilfenahme von Kerzenwachs einen Abdruck ihrer Rosette anfertigen – entweder alleine oder mit der Hilfe einer vertrauten Person. Der Abdruck muss dann

vorsichtig abgelöst werden, damit er nicht beschädigt wird. Dieser ist beim nächsten Treffen zu übergeben oder es wird ein Beweisfoto davon angefertigt und per E-Mail verschickt. Idealerweise nimmt man dazu farbige Kerzen, damit man die einzelnen Hautfalten besser erkennen kann. Achtet unbedingt darauf, nur Kerzen zu benutzen, die einen niedrigen Schmelzpunkt haben (Kein Bienenwachs!). Am besten testet ihr die Temperatur des flüssigen Wachses vorsichtig auf dem Handrücken.
Normalerweise benötigt man zirka 30–40 Wachstropfen, um einen guten Abdruck zu erstellen.
Hat die Person einen Helfer, legt sie sich auf den Bauch und zieht die Pobacken auseinander. Nun kann der Helfer das Wachs gut aufbringen. Hat die Person keinen Vertrauten, ist das Anfertigen etwas schwieriger, aber nicht unmöglich. Die Person legt sich auf den Rücken und zieht die Beine an, sodass die Knie rechts und links vom Oberkörper zu liegen kommen. Nun ist die Rosette gut zugänglich.

#102 SCHLAFENTZUG

Fotokamera

Diese Aufgabe kann im Rahmen einer BDSM-Beziehung als Strafe gestellt werden. Die Person muss zu festgelegten Uhrzeiten Fotos ihrer Scham beziehungsweise ihres erigierten Gliedes per SMS an den Aufgabensteller schicken. Die festgelegten Uhrzeiten sind 22 Uhr, 24 Uhr, 2 Uhr, 4 Uhr, 6 Uhr und 8 Uhr. Somit muss die Person entweder wach bleiben oder sich einen Wecker stellen.
Das wird sicherlich eine sehr unruhige Nacht ...

#103 ÖFFENTLICHE AUFGABE

Fotokamera

Für diese Aufgabe benötigt die Person ein Profil in einer Erotik-Community, in der man auch nicht-jugendfreie Fotos einstellen darf. Dort muss die Person im Forum oder im Dating-Bereich folgenden Text veröffentlichen:

»Mein Herr/Partner hat mir die Aufgabe gestellt, hier ein erotisches Wunschfoto einzustellen.
Ich muss den ersten Motivvorschlag, der hier gepostet wird, erfüllen.
Das Foto werde ich dann hier einstellen, damit es alle sehen können.
Die einzigen Beschränkungen sind Dinge, die dem gesunden Menschenverstand wiedersprechen, die gefährlich, gesundheitsschädlich oder illegal sind.«

Zusätzlich ist dabei ein Schild hochzuhalten, auf dem der Name des Motivgebers steht. Alternativ schreibt man den Namen des Motivgebers mit einem Faserschreiber sichtbar auf die Brust der Person. Achtet bitte darauf, dass kein Gesicht zu erkennen ist.

#104 DER FLASCHENSTUHL

Fotokamera, Gleitcreme

Bei dieser Aufgabe muss sich die Person auf eine Glasflasche setzen und zwar so, dass diese anal oder vaginal eindringt. Mit einem Selbstauslöser wird sie dann ein Foto davon machen und per Mail an den Aufgabensteller versenden. Normalerweise hat die Person dann zehn bis fünfzehn Sekunden Zeit, sich in Position zu bringen.

Es ist im Übrigen ein Gerücht, dass sich die Flasche festsaugen würde.

#105 DIE UNSAUBERE ENTHAARUNG

Fotokamera, Wachs, Pinzette

Im Bereich des BDSM ist die regelmäßige und komplette Enthaarung des Intimbereichs Usus. Diese Aufgabe/Strafe eignet sich hervorragend, um den gewünschten Zustand herzustellen oder dafür zu sorgen, dass die Person zukünftig auf eine korrekte Enthaarung achtet.

Ist die Enthaarung nicht sorgfältig durchgeführt worden, korrigiert man das mit einer Pinzette. Die übrig gebliebenen Haare werden einfach herausgerupft. Schmerzhafte Stellen sind der Schamhügel, der Bereich um das Poloch, aber auch Hoden, Schamlippenrand und

Peniswurzel. Die Person kann dazu gefesselt und geknebelt werden. Alternativ verwendet man die üblichen Wachsstreifen, die für die Beinbehaarung verwendet werden. Nach mehrfacher Anwendung und vielen Schreien ist die Haut sauber und haarlos.

106 DER NAPF

Napf

Bei dieser Aufgabe muss die Person einen ganzen Tag aus einem Hundenapf fressen und saufen. Sowohl Getränke als auch Lebensmittel müssen ohne Zuhilfenahme von Händen verspeist werden. Diese Aufgabe geht in Richtung »Petplay«, bei dem Menschen in Tierrollen schlüpfen.

107 KLAMMERNSCHLAGEN

Peitsche und Wäscheklammern

Bei dieser Aufgabe werden der Person Wäscheklammern am Körper angebracht. Dort verbleiben sie eine Weile, bis der Schmerz sich richtig entwickeln konnte. Nun nimmt man eine Peitsche und schlägt die Klammern einzeln ab.

#108 WICKED WAND FORCED ORGASM

Fesseln, Augenbinde, Wicked Wand

Bei dieser Aufgabe wird die Person aufgespreizt (zum Beispiel auf dem Bett) fixiert. Nun beginnt man, die Person zuerst mit Händen und Zunge zu reizen. Wenn die Erregung hoch ist, setzt man den Wicked Wand ein. Ein Wicked Wand ist eine besondere Art eines Vibrators, nur ist er wesentlich stärker, effektiver und es gibt ihn mit diversen Aufsätzen.
Im Internet werdet ihr rasch fündig.
Nun beginnt ihr, die Person immer wieder bis kurz vor den Orgasmus zu reizen ... immer wieder.
Irgendwann wird die Person nach Erlösung betteln.
Ob ihr der Person die Erlösung gewährt, bleibt euch überlassen.

Erfahrungsbericht von W.

Es klingelt an der Haustür.
Sie sind pünktlich.
Ich öffne die Tür und begebe mich in den Spielraum.
Die Augenbinde für sie baumelt über der Türklinke.
Sie wird blind sein, wenn sie mein Reich betritt.
Die Tür öffnet sich und sie wird von ihrem Freund hereingeführt.
Etwas unsicher kommt sie näher ... eine Hand unsicher ausgestreckt.
Ich ergreife sie und ziehe sie zu mir.
Erster Kontakt.
Geruch.

Meine Hände erkunden ihren Körper.
Oberflächlich.
Ich spüre, wie sie langsam »weich« wird, Lust.
Die Unsicherheit ist weg.
Ich schiebe ihr Kleid nach oben und berühre sie an ihren intimen Stellen.
Feuchtigkeit an meinen Finger.
Feste Brüste.
Eine schöne und sinnliche Frau.
Wir erhöhen das Tempo.
Ihr Hände werden über dem Kopf fixiert, die Beine mit einer Stange gespreizt.
An der Stange befestigt ist eine Dildostange.
Der Dildo gleitet in sie.
Sie drückt sich gegen ihn.
Stöhnen.
Meine Finger beginnen, sie zu reizen.
Ihr Freund streichelt sie ebenfalls.
Sie wird geil.
Ich schalte den Wicked Wand ein und berühre die Dildostange.
Das ganze Gestänge vibriert.
Der Dildo in ihr wird ebenfalls vibrieren.
Ich setze ihn auf ihre Knospe.
Sie zuckt zusammen.
Beginnt sich zu verdrehen.
Zu reiben.
Lust steigt empor.
Ihre Körperspannung verändert sich.
Schwere Atmung.
Der Mund öffnet sich.
Ich lasse ab.

Ich spiele mit dem Finger an ihrem Kitzler.
Streichle Po und Brüste.
Erneut der Wicked Wand.
Und wieder kurz vorher höre ich auf.
Ein unwilliges Stöhnen.
Sie ist wild.
Sie will kommen.
Abkühlung.
Ich peitsche ihren Rücken und Po.
Eher zärtlich.
Dann wieder der Wand.
Bis kurz vorm Climax.
Seeehr unwilliges Stöhnen, als ich kurz vorher unterbreche.
Wir lösen die Fesseln und entfernen die Stange.
Zwingen sie zu Boden und fesseln ihre Hände an die Ösen.
Ihre Beine spreize ich mittels zweier Seile.
Sie liegt da, verfügbar.
Jetzt darf sie kommen.
Der Wand kommt zum Einsatz.
Drei Finger tief in ihrer Möse.
Sie bettelt um Erlösung und ich gewähre sie ihr.
Stumme Schreie.
Pause
Ich ziehe sie auf die Knie und schiebe ihr meinen Schwanz in den Mund.
Man merkt, dass sie es mag.
Sie würgt, leckt, bläst.
Ein zweiter Schwanz.
Wir legen sie mit dem Oberkörper über das Sofa.
Ihr Po reckt sich uns entgegen und ich bekomme Lust, diesen herrlichen Arsch zu ficken.

Ich hole die Fiberglasgerte.
Schlage ihren Rücken und die Pobacken.
Ab und an ein unwilliges Stöhnen.
Ihre Muschi ist empfindlich geworden.
Irgendwo zwischen Lust und unangenehm.
Wir legen sie auf den Rücken.
Ich will, dass sie es vor uns selbst macht.
Drücke ihr den Wicked Wand in die Hand.
Es dauert nur Sekunden und ihr Mund öffnet sich zum Orgasmus.
Ich verschließe ihren Schrei mit der Hand.
Zuckendes Bündel.
Herrlich ...
Ich setze mich in den Sessel und beobachte das zärtliche Spiel der beiden.
Irgendwann schiebt er sie zu mir.
Zwingt sie, meinen Schwanz zu blasen.
Fickt sie.
Dann Ruhe.
Es ist vorbei.

#109 DIE GUMMIHARFE

Viele Einweggummis

Bei dieser Aufgabe werden zuerst viele Einweggummis zusammengebunden und dann eng um den Körper der Person gebunden. Die Gummis müssen bereits unter Spannung sein. Einen Ring legt man um die Brust, eine um den Bauch. Einen um den Po und die Oberschenkel. Zieht man nun an den Gummis und lässt sie los, treffen sie schmerzhaft auf den Körper der Person auf.

#110 KLAMMER VERDREHEN

Wäscheklammern

Bei dieser Strafe werden der Person an Brustwarzen oder Kitzler Klammern befestigt. Um den Schmerz zu steigern, verdreht man dann die Klammer. Dies kann man so lange machen, bis sich die Klammer löst. Je nach Klammertyp ist das richtig schmerzhaft und kann zu kleinen Blutergüssen führen.

#111 SCHASCHLIKSPIESS

Schaschlikspieße

Für diese Aufgabe benötigt man drei dünne Holzspieße, die die Person zwischen ihre Oberschenkel klemmen muss. Da bei der notwendigen Spreizung der Beine der Abstand zwischen den Oberschenkeln von oben nach unten immer größer wird, muss man sich aus 5 Schaschlikspießen etwas basteln. Die Spieße sollten auf beiden Seiten spitz sein (gegebenenfalls anspitzen).

Ein normaler Spieß wird möglichst weit oben zwischen die Oberschenkel geklemmt.
Aus zwei weiteren Spießen bastelt man dann einen etwa 5 Zentimeter längeren Spieß. Hierzu umwickelt man einfach zwei leicht versetzte Spieße mit Klebeband. Beim dritten Spieß versetzt man die übrigen zwei Spieße noch mehr, damit sie noch etwas länger sind.
Nach dem Basteln hat man also einen normalen Spieß mit zirka 20 Zentimetern, und je einen zusammengeklebten mit 25 und 30 Zentimetern.
Nun muss die Person die Spieße waagrecht zwischen ihre Schenkel einklemmen und zwar so, dass alle drei von alleine an ihrem Platz bleiben. Schon nach kurzer Zeit entsteht ein starker Schmerzreiz. Sollten die Spieße aufgrund der körperlichen Gegebenheiten zu groß sein, kann man sie einfach kürzen und mit einem Messer wieder anspitzen.

112 REISSZWECKENSTUHL

Reißzwecke

Bei dieser Aufgabe werden auf einem Stuhl eine Handvoll Reißzwecken verteilt. Nun muss sich die Person mit dem nackten Po darauf setzen und so lange sitzen bleiben, wie es der Aufgabensteller verlangt.

#113 SCHLEUDER UND TISCHTENNISBÄLLE

Schleuder und Tischtennisbälle

Für diese Aufgabe benötigt ihr eine stabile Schleuder und viele Tischtennisbälle. Die Person wird nun nackt und mit gespreizten Beinen und Armen an ein Kreuz oder an ein paar Haken in der Wand gefesselt. Dann beginnt das Zielschießen mit den Tischtennisbällen. Es sieht so harmlos aus und tut verdammt weh. Verbindet der Person dabei die Augen, damit sie nie weiß, an welcher Stelle die kleinen Bälle einschlagen. Will man ganz gemein sein, nimmt man keine Tischtennisbälle, sondern Kastanien oder Haselnüsse. Bitte achtet unbedingt darauf, die Person nicht im Gesicht zu treffen und benützt eventuell sogar eine Schutzbrille.

Risiken: Blutergüsse

#114 HOCHNOTPEINLICHE BEFRAGUNG

Tens-Gerät, Elektrisiergerät

Bei dieser Aufgabe wird die Person absolut bewegungsunfähig fixiert. Dies kann mit Hilfe von vier Bettpfosten, einem gynäkologischen Stuhl, einem Andreaskreuz oder zwei Decken und zwei Bodenhaken realisiert werden. Nun kommt das Elektrisiergerät zum Einsatz. Bitte beachtet dazu meine Ausführungen zu Elektrospielen.

Nun befestigt man mehrere Elektroden am Körper (bitte beachtet dabei die Gebrauchsanweisung).

Die Aufgabe besteht nun darin, ein Wort zu erraten. Die Person bekommt dazu kleine Hinweise.

Das kann zum Beispiel wie folgt aussehen:

Das zu erratende Wort heißt: ***Wurst***

Hinweis: *Der erste Buchstabe ist weit hinten im Alphabet und er ist ein Konsonant.*

Person: *X.*

Nun stellt der Aufgabensteller den Strom kurz an.

Aufgabensteller: *Falsch, weiterraten.*

Person: *Z.*

Erneut fließt Strom.

Das geht so lange, bis der erste Buchstabe erraten ist.

Dann geht man zum nächsten Buchstaben über.

Hinweis: *Der Buchstabe ist ein Vokal.*

Und so weiter und so fort.

Um es der Person nicht zu einfach zu machen, kann die Reihenfolge variiert werden.

Also man lässt erst den dritten Buchstaben, dann den fünften erraten usw.

Vokale lässt man lieber zum Schluss erraten, genauso wie seltene Buchstaben (Q, W, X, V, Z). Ansonsten kann die Person schnell das komplette Wort erkennen.

Jeder richtig erratene Buchstabe kann auf einer Tafel aufgeschrieben werden, entweder in der richtigen Reihenfolge, oder eben in der Reihenfolge, in der der Buchstabe erraten werden musste. Dann besteht die letzte Aufgabe darin, dass Buchstabenwirrwarr in ein Wort umzusetzen. Hat man kein Elektrisiergerät zur Verfügung, kann man das Spiel natürlich auch mit einer Peitsche spielen.

Risiken: Bitte unbedingt Gebrauchsanweisung beachten

#115 SMOTHERING

Hand- und Fußfesseln

Bei dieser Aufgabe wird die Person auf das Bett gefesselt. Sie liegt dabei auf dem Rücken.
Nun nimmt der Aufgabensteller mit dem Po auf dem Gesicht der Person Platz und nimmt ihr dadurch den Atem. Im BDSM-Sprachgebrauch nennt man das Smothering oder Queening.

Risiken: Ohnmacht, Herzstillstand

#116 TANNENZAPFEN

Tannenzapfen

Für diese Aufgabe benötigt man einen Tannenzapfen. Der Tannenzapfen sollte allerdings nicht zu alt, schmutzig, zu weit geöffnet oder zu trocken sein, da dies die Verletzungsgefahr erhöht. Die Person muss sich den Tannenzapfen nun vaginal einführen und zwar so, dass er sich leicht einführen aber nur schwer wieder entfernen lässt. Das bedeutet, dass beim Einführen die Anwachsstelle des Tannenzapfens zuerst eingeführt wird. Bitte entfernt hier die scharfen Kanten. Beim Entfernen wirken nun die einzelnen Lamellen des Tannenzapfens wie kleine Widerhaken und erschweren das Herausziehen. Das ist gar nicht so einfach und wird rasch schmerzhaft, vor allen Dingen dann, wenn der Tannenzapfen sich schon etwas geöffnet hat. Bitte seid dabei wirklich vorsichtig.

Risiken: Hautirritationen in der Scheide

#117 DER STUHL UND DIE VAGINA

0-99 2-3

Ein Stuhl, Kondome

Bei dieser Aufgabe muss sich die Person ein Stuhlbein vaginal einführen. Natürlich darf sie vorher ein Kondom darüberziehen. Ein Fotobeweis stellt sicher, dass diese Aufgabe erfüllt wurde.

#118 PAPRIKA

Paprikapulver

Bei dieser Aufgabe wird der Slip der Person im Bereich der Scham mit Pfeffer oder Paprikapulver eingestäubt. Dann zieht die Person den Slip an und man geht spazieren. Den Rest übernimmt dann das Pulver. Nach und nach wird es immer heftiger Jucken.

Risiken: Keine, wenn man es nicht übertreibt

JETZT WIRD ES EKELIG

Im großen Bereich BDSM gibt es auch Praktiken, die auf viele Menschen abstoßend oder ekelig wirken. Hierzu gehören vor allen Dingen Spiele mit Spucke, Kot und Urin.

Aber nicht für jeden sind diese Körperflüssigkeiten (und anderes) nur ekelig. Im erotischen Kontext von Dominanz und Unterwerfung können genau diese Praktiken sehr lustvoll sein.

Die Sklavin, die sich ihrem Herrn unterwirft, liebt eventuell genau das. Sie mag es, angespuckt zu werden, leckt seine Füße oder trinkt seinen Urin. Das »Warum?« zu erklären ist sehr schwierig. Wie will man zum Beispiel einem Heterosexuellen erklären, was schön an der Liebe zwischen Männern ist?

Oder warum mag es ein Sklave, ausgepeitscht zu werden, findet einen Zahnarztbesuch ohne Betäubungsspritze aber fürchterlich. Sich einem anderen sexuell zu unterwerfen kann sehr befreiend sein. Man lässt den Alltag los und vertraut einfach, dass es gut wird. Die besondere Tiefe von BDSM-Beziehungen, gepaart mit einem in der SM-Szene weit verbreiteten Verantwortungsgefühl öffnet die Menschen und macht vieles nicht nur möglich, sondern lustvoll.

Die Lust entsteht dabei im Kopf. Die Ursache kann teilweise sicherlich genetisch bedingt sein, anderes hat ein bestimmtes Erlebnis als Ursache.

Letztendlich ist es aber egal.

Solange man weder sich noch anderen schadet und alles freiwillig geschieht, hat es niemand zu bewerten. Der eine mag es halt einmal in der Woche in der Missionarsstellung »treiben«, der andere liebt es eben facettenreicher – beides ist absolut in Ordnung.

Eine Studie zeigt, dass bei sexueller Erregung das Ekelempfinden sinkt. Wie ist das zu erklären?

Normalerweise ist der Geschlechtsakt unvereinbar mit Ekel und Angst.
Allerdings sinkt die Ekelschwelle bei einer starken sexuellen Erregung – Angst und Ekel werden lustvoll wahrgenommen.

#119 FÜSSE LECKEN

Fotokamera

Diese Aufgabe eignet sich hervorragend als Strafe für Personen, die sich schnell schämen oder denen viele Dinge rasch peinlich oder gar ekelig sind. Die Aufgabe besteht darin, den eigenen Fuß gründlich lecken zu müssen. Geschieht dies spontan, hat die Person nicht einmal mehr die Möglichkeit, sich vorher die Füße zu waschen. Gerade nach einer Sportstunde oder einem längeren Fußmarsch hat dies eine interessante Wirkung und ist sehr demütigend. Beim Lecken muss die Person dann darauf achten, dass die Zehen, die Zehenzwischenräume und die Sohle geleckt werden. Dies kann man sich im virtuellen Falle auch mit Fotos belegen lassen oder aber dabei sogar die Webcam einschalten.

#120 DER FEUCHTE SLIP 1

Fotokamera

Bei dieser Aufgabe muss die Person in ein Sportstudio gehen und mindestens eine Stunde hart trainieren. Es muss Schweiß fließen! Danach muss sie sich mit angezogenem Slip so lange selbst im Schambereich streicheln, bis der Slip sowohl den Schweißgeruch, als auch den Geruch der eigenen Lust angenommen hat. Es ist der Person gestattet, hierfür die Toilette aufzusuchen. Der nächste Schritt besteht nun darin, den Slip in den Mund zu nehmen und ihn dort so lange zu belassen, bis er vollständig mit Speichel getränkt ist. Ein paar Beweisfotos stellen die Erfüllung der Aufgabe auch dann sicher, wenn man selbst nicht anwesend ist und es direkt kontrollieren kann. Zum Schluss muss die Person den feuchten Slip wieder anziehen und nach Hause kommen.
Wichtig dabei ist, vorher sicherzustellen, dass die Person keinen Ersatzslip dabeihat.

#121 DER FEUCHTE SLIP 2

Keine

Musste die Person in Aufgabe 120 noch ihren eigenen Slip in den Mund nehmen, wird es nun der Slip des Aufgabenstellers sein.

Alternativ könnten auch die Sportsocken verwendet werden. Der fremde Saft und Schweiß, eventuell auch Sperma und etwas Urin verschärfen den Geschmack und steigern die Demütigung um ein Vielfaches. Ein Klebeband über dem Mund verhindert auch ein vom Aufgabensteller ungewolltes Ausspucken des Slips durch die Person.

#122 EIN BESONDERES EIS

Gefrierschrank, Eiswürfelmacher

Bei dieser Aufgabe muss die Person ein besonderes Eis herstellen und anschließend verspeisen.
Entweder benutzt man dazu Speichel, Sperma oder Urin (oder eine Mischung daraus). Das kann der Körpersaft des Aufgabenstellers sein oder der eigene der Person.
Sobald das Eis entstanden ist, kann man damit den Drink der Person kühlen, oder es zum Lutschen geben. Es gibt auch »Eis am Stiel«-Formen zu kaufen, mit denen man richtiges Stieleis herstellen kann.
Alternativ kann man dazu auch das Waschwasser einer Fuß- oder Intimpflege (bitte ohne Seife) verwenden.

#123 EIN BESONDERER DRINK

Wasser, Glas

Damit kommen wir schon zu einer ähnlichen Aufgabe. In diesem Fall wird ein besonderer Drink für die Person bereitet.
Beispiele:

- Das Wasser einer Fuß- oder Intimpflege
- Sperma
- Urin
- Waschwasser der Hände, nachdem man sich selbst befriedigt hat
- Speichel

Bitte keine Seife oder irgendwelche Reinigungsmittel verwenden.
Natürlich kann man der Person auch einen Kaffee mit etwas »Spermamilch« kredenzen.
Soll das Getränk kalt sein, verweise ich auf # 122.

#124 DAS SCHLAMMLOCH

Handtuch, Wasserkanister

Bei dieser Aufgabe muss sich die Person in der freien Natur ein Schlammloch suchen, sich nackt ausziehen und dann ein Schlammbad nehmen (gegebenenfalls mit Beweisfotos). Dabei

hat sie darauf zu achten, dass der ganze Körper mit Schlamm bedeckt ist.
Der Wasserkanister ist für die anschließende Grundreinigung vorgesehen, damit gegebenenfalls keine Autositze darunter leiden müssen.
Besitzt man einen eigenen Garten, kann man sich mit einem Spaten und viel Wasser ein eigenes Schlammbad anlegen. Ist es etwas sichtgeschützt, darf die Person danach ein Sonnenbad nehmen, bis der Schlamm angetrocknet ist.

Risiken: Erregung öffentlichen Ärgernisses

#125 PINKELN

Fotokamera

Es ist peinlich und es ist ekelig, das Urinieren vor anderen.
Die Person hat bei dieser Aufgabe eine halbe Stunde Zeit, ein Foto davon zu machen, wie sie pinkelt. Ihre Scham bzw. das Glied und der fließende Urin müssen dabei gut zu sehen sein. Mit den heutigen Smartphones ist dies ganz einfach zu realisieren.

#126 DER BESONDERE TOILETTENGANG

Keine

Nun kommt eine Steigerung.
Bei dieser Aufgabe darf die Person nur dann pinkeln gehen, wenn es ihr erlaubt wird. Das heißt, sie muss jedes Mal fragen, ob sie auf Toilette gehen darf.
Natürlich wird ihr dies verweigert oder an Bedingungen geknüpft.
Hier einige Beispiele für solche Bedingungen:

- Die Person muss vor allen Anwesenden pinkeln.
- Die Person muss in ein bestimmtes Gefäß pinkeln.
- Die Person muss wie ein Hund ein Beinchen heben.
- Die Person muss sich in die (verstöpselte) Badewanne legen und dann pinkeln. Sie darf erst nach einer gewissen Zeit die Badewanne verlassen.
- Die Person muss sich in der Dusche stehend selbst anpinkeln.
- Die Person muss jemanden fragen, ob er sie als Zuschauer begleiten möchte.

Natürlich kann man es der Person auch ganz verbieten, und zwar so lange, bis sie sich in die Hose macht.
Dieses Spiel kann man auch outdoor spielen, indem man einen Spaziergang unternimmt, wenn die Person bereits dringend pinkeln muss. Sicherlich findet man eine gute Stelle für ihr »Geschäft«.

Risiken: Keine, wenn man es nicht zu lange macht.

#127 TOILETTENDIENST

Keine

Dies ist eine Aufgabe, die wieder im BDSM-Umfeld angesiedelt ist. Bei dieser Aufgabe muss die Person die Toilettenschüssel gründlich reinigen.
Und die Person sollte es wirklich gründlich machen, da sie nach einer Sauberkeitskontrolle die Kloschüssel sowie die Brille ablecken muss. Danach kann der Aufgabensteller eine komplett gereinigte Toilette benutzen.

#128 TOILETTENDIENST DIE ZWEITE

Keine

Bei dieser Aufgabe muss die Person als Toilettenpapier dienen. Nachdem der Aufgabensteller sein »kleines Geschäft« verrichtet hat, muss die Person den Penis oder die Scham des Aufgabenstellers gründlich mit dem Mund und der Zunge von Urinresten reinigen. Natürlich kann danach auch wieder Aufgabe 127 gestellt werden.
Anmerkung: In manchen (Porno-)Filmen sieht man auch, dass der Anus mit der Zunge gereinigt wird. Dies ist etwas heikel, da Kotreste gefährliche Bakterien beinhalten können. Daher rate ich von dieser Variante ab.

#129 DER SAFT

Keine

Bei dieser Aufgabe muss sich die Person zuerst selbst befriedigen und danach die Hände mit der Zunge von den zurückgebliebenen Körpersäften reinigen. Natürlich kann sich auch der Aufgabensteller selbst befriedigen und sich danach die Hände von der Person mit der Zunge gründlich reinigen lassen.

#130 DIE BESSERUNGSTROPFEN

Kleine Medizinflasche mit Aufklebern

Bei dieser Aufgabe bekommt die Person ekelige Tropfen verabreicht. Hierfür kann man ein altes Medizinfläschchen umfunktionieren. Man löst dazu das Originaletikett ab und beklebt es mit einem neuen. Auf dem neuen Etikett steht dann zum Beispiel: »Enthält Spuren von Urin, Sperma und Spucke.«

Ob die angegebenen Ingredienzien wirklich enthalten sind, überlasse ich euch. Alternativ kann man einfach etwas Wasser nehmen und irgendeinen Geschmacksstoff wie Tee hinzugeben, damit es etwas Farbe und Geschmack erhält. Solltet ihr wirklich die angegebenen Zutaten verwenden, dann bitte absolut frisch.

#131 SCHNECKE

Schnecken

Bei dieser Aufgabe werden der Person Schnecken auf diverse Körperteile gesetzt. Hierzu kann die Person gefesselt werden, wobei man dann outdoor unbedingt darauf achten sollte, dass nicht zufällig Spaziergänger vorbeikommen. Es ist in diesem Falle besser, die Schnecken vorher zu sammeln (Füttern nicht vergessen) und die Aufgabe daheim zu erfüllen.
Ist die Person entkleidet und gefesselt, setzt man die Schnecken auf Brust, Fußsohlen, Penis oder Scham und vielleicht auch ins Gesicht. Nach einem Weilchen werden die Schnecken sicherlich auch anfangen loszulaufen.
Bitte achtet darauf, dass den Schnecken nichts passiert und setzt sie danach wieder ins Freie.

#132 DER ACHSELSCHWEISS

Keine

Bei dieser Aufgabe muss die Person die Achselhöhlen des Aufgabenstellers auslecken. Ob man das vor oder nach dem Duschen machen lässt, überlasse ich euch. Will man die Aufgabe möglichst schlimm gestalten, kann man vorher etwas Sport treiben, bis der

Schweiß richtig rinnt. Auch empfiehlt es sich dann, die Achselhaare eine Zeit lang nicht abzurasieren.
Auf jeden Fall solltet ihr dabei kein Deodorant benutzen, da diese unverträgliche Stoffe enthalten können.

#133 KLOSPÜLUNG

Keine

Bei dieser Aufgabe wird der Kopf der Person in die Kloschüssel gedrückt und dann wird gespült. Die Person sollte also die Luft ein paar Sekunden anhalten können. Natürlich kann man die Person vorher anweisen, ihre Haare zu shampoonieren. Dann ist das eine hübsche Methode, um die Haare zu waschen.
In Deutschland hat das Spülwasser im Übrigen Trinkwasserqualität. Dies muss in anderen Ländern nicht so sein.
Achtet auch darauf, dass manche Menschen Kontaktlinsen tragen, die dann eventuell herausgespült werden können. Man kann diese Aufgabe verschärfen, indem man selbst oder die Person vorher in die Toilette uriniert.

#134 KLOPAPIER KAUEN

Klopapier

Bei dieser Aufgabe muss die Person Klopapier kauen. Das Klopapier ist sehr trocken und es dauert eine geraume Zeit, bis es sich durch den Speichel einigermaßen gut kauen lässt.
Will man die Aufgabe noch erschweren, kann man der Person das Klopapier geben, mit dem man sich gerade die eigenen Urinreste entfernt hat.

#135 KLISTIER

Duschschlauch oder Klistierschlauch

Bei dieser Aufgabe muss sich die Person den Schlauch des Duschkopfes in den Po stecken und sich selbst klistieren. Den Duschkopf aber vorher bitte abschrauben. Das ist eine Aufgabe, die auch virtuell erteilt werden kann, zum Beispiel wenn sich die Person im Urlaub oder auf einer Reise befindet.
Natürlich kann man auch speziell dafür hergestellte Düsen oder Klistiersets verwenden. Zusätzlich ist es natürlich möglich, der Person anzuweisen, dass sie die Flüssigkeit eine gewisse Zeit in sich behalten muss, zum Beispiel bei einem kleinen Spaziergang oder beim Erklimmen des Treppenhauses. Als Flüssigkeiten eig-

nen sich Wasser, Milch und Wein (**Achtung**, der Alkohol dringt über die Schleimhäute auch ins Blut = betrunken).

#136 ANPINKELN

Dusche, Badewanne

Bei dieser Aufgabe wir die Person nackt oder bekleidet in einer Duschwanne oder Badewanne platziert. Nun benutzt man den Körper der Person als Urinal und bepinkelt sie von oben bis unten.

Erschwerend kann man auch verlangen, dass die Person den Mund öffnet und gegebenenfalls den Urin auch trinkt (Gesundheit!).

Natürlich kann man auch weitere Personen bei dieser Bestrafung einbinden.

Nun muss die Person so lange in diesem Zustand liegen bleiben, bis der Aufgabensteller sie erlöst und sie sich duschen darf. Besonders wenn der Urin trocknet, beginnt ein Jucken und der Geruch verstärkt sich. Besonders gemein ist, wenn man ein paar Stunden vorher Spargel isst oder Bier trinkt.

#137 ZAHNBÜRSTE …

Zahnbürste

Bei dieser Aufgabe verwendet man zuerst die Zahnbürste der Person, um das eigene Poloch (oder das der Person) zu reinigen, und lässt sie dann ihre Zähne damit putzen. Alternativ kann man sich auch vorher mit der Zahnbürste die Füße schrubben.

#138 DER KAUGUMMI

Kaugummi

Bei dieser Aufgabe wir die Person mit einem vorgekauten Kaugummi gefüttert. Hierzu gibt es folgende Möglichkeiten:

- Auf den Boden spucken und mit dem Mund aufheben lassen.
- Mit dem Schuh oder Fuß darauf treten und dann mit dem Mund entfernen lassen.
- Vaginal einführen und dann mit der Zunge herausholen lassen.
- Mit dem Po/Rosette daraufsetzen und dann ablecken lassen.
- Einfach in den Mund spucken.

Guten Appetit!

#139 SEKT AM FUSS

Sekt

Bei dieser Aufgabe wird der Person etwas zu trinken gegeben. Allerdings verwendet der Aufgabensteller hierfür kein Glas, sondern lässt die Flüssigkeit am Bein hinab, zum Fuß und dann über die Zehen in den Mund der Person fließen. Hat man seine Füße vorher nicht gewaschen, sind sie danach sicherlich sauber.

#140 JOGGINGRUNDE

Keine

Bei dieser Aufgabe geht man mit der Person joggen. Die angestrebte Strecke wird dabei in vier Teilabschnitte aufgeteilt. Der erste Teil dient zum Warmlaufen. Beim zweiten Teil muss die Person einen ihrer eigenen Socken (oder einen des Aufgabenstellers) im Mund tragen. Beim Laufen des dritten Teilabschnittes ist es dann der Slip. Im vierten Teilabschnitt ist es der zweite Socken, der mittlerweile sicherlich vom Schweiß durchdrängt sein wird.

#141 DAS SPUCKEN

Keine

Bei dieser Aufgabe wird die Person vom Aufgabensteller angespuckt. Vorher wird festgelegt, wie oft die Person angespuckt wird (Auswürfeln oder einfach eine Anzahl festlegen).
Nun spuckt der Aufgabensteller der Person ins Gesicht.
Die Person muss mitzählen.
»Eins.« Erneutes Spucken.
»Zwei.« Und so weiter.
Ist man ganz gemein, darf die Person den Speichel nicht entfernen, sondern muss ihn antrocknen lassen.

#142 KONDOM KAUEN

Kondom

Bei dieser Aufgabe muss die Person ein gefülltes Kondom eine längere Zeit im Mund behalten.
Der Aufgabensteller hatte Sex mit der Person und lagert nun selbiges im Mund der Person für eine geraume Zeit. Dabei ist es natürlich egal, ob das Kondom vom Aufgabensteller oder der Person selbst benutzt wurde. Ekelig ist es auf jeden Fall, zumal die obligatorische Gleitcreme des Kondoms auch nicht unbedingt gut schmeckt.

OUTDOOR – DIE LUST AM ERWISCHT WERDEN

Gehen wir einen weiteren Schritt – gehen wir in die Öffentlichkeit. Als erstes möchte ich euch bitten, bei Spielen in der Öffentlichkeit Rücksicht auf andere zu nehmen.
Gerade kleine Kinder können gewisse Geschehnisse nicht einordnen und reagieren verstört. Da habe ich vollstes Verständnis, wenn Eltern dann eine Anzeige wegen Erregung öffentlichen Ärgernisses stellen. Es gibt genügend Möglichkeiten, Outdoorspiele durchzuführen, ohne dass man andere Menschen mit hineinzieht. Man kann das gut über die Wahl der Orte, die Uhrzeit und den Wochentag steuern. Wird man dann doch von einem Spaziergänger überrascht, ist es meistens nicht so schlimm oder man hat noch genügend Zeit, das »Schlimmste« zu verdecken.
Die Angst und somit der Kick des »Erwischtwerdens« bleibt euch also erhalten ...
Einige der nachfolgenden Aufgaben und Strafen können mitten in der Fußgängerzone oder in einem Restaurant durchgeführt werden. Meistens wird niemand etwas merken, und wenn doch, ist es nicht so dramatisch.

#143 EINBUDDELN

Keine

Bei dieser Aufgabe wir die Person bis auf den Kopf in den Sand eingebuddelt. Am besten gräbt man die Person leicht schräg ein. Das geht schneller und im Notfall kann man die Person rasch befreien. Nun ist der Kopf frei zugänglich und man kann so allerhand mit ihm anstellen.
Beispiele:

- Einfordern von Leckdiensten (vaginal, anal)
- Erzwungener Oralverkehr
- Anpinkeln
- Anspucken
- Füttern (mit was auch immer)
- Füße lecken lassen

Da macht der Urlaub am Meer doch gleich doppelt so viel Spaß.

Erfahrungsbericht von S.

Die Flut spült langsam die Spuren der Spaziergänger hinfort und nimmt sie als Erinnerung an einen heißen Sommertag mit sich.
Welch Schicksale wohl hinter diesen Spuren stecken?
Welch unerfüllte Wünsche?
Welch Glück?
Welch Traurigkeit?
Das sind eigentlich komische Fragen, habe ich doch gerade ein ganz anderes Problem.

Das Problem ist mein Kopf.
Oder eigentlich das, was darunter ist.
Dieses feuchte und juckende Etwas.
Also, jetzt nicht das, was ihr glaubt.
Auch wenn mich das permanent »juckt« und es auch immer feucht ist.
Heute ist es anders.
Die untergehende Sonne starrt in mein Gesicht und ich schließe geblendet meine Augen.
Gerne würde ich mich jetzt umdrehen, aber es geht nicht.
Warum?
Nun denn, ich bin im Sand eingebuddelt und nur mein Kopf schaut heraus ...
Schwer drückt der Sand auf meinen nackten Körper.
Ich spüre den fernbedienbaren Dildo in mir stecken.
Ein paar Meter entfernt steht mein Freund (Schatzi) und spielt etwas wütend an der Fernbedienung.
Das Sendersignal ist zu schwach, um durch den feuchten Sand zu dringen.
Ein leichtes Grinsen überzieht mein Gesicht.
Dumme Idee. Er steht auf und kommt näher.
Hm, vielleicht sollte ich erst einmal kurz erwähnen, warum ich mich in dieser Situation befinde.
Schatzi ist zurzeit auch mein Herr.
Ich bin seine Sklavin.
Das ist nicht immer einfach.
Also sowohl das Sklavin, als auch das Herr sein.
Und wenn er nicht aufpasst, dann dreht sich das schnell rum.
Was bedeutet nun »zurzeit«?
Begonnen hat es bei seiner Geburt.

Also bei seinem Geburtstag.
Ich bin kein guter Schenker. Ich finde nie das passende oder es ist zu teuer.
Doch dieses Mal hat es (hoffentlich) geklappt.
Schatzi ist eine Leseratte und vor allen Dingen liest er gerne Bücher, bei denen es etwas zur Sache geht.
*Mache ich auch *schäm*.*
Natürlich hat er auch die Klassiker wie »Venus im Pelz« und »Die Geschichte der O« in seinem Kindle-Bücherschrank.
Aber auch Woschofius »Tortura Insomniae«, bei dem es eine »nette« Strandszene gab.
Und da ihm diese Art der Fantasien gut zu gefallen schien, habe ich mich ihm für den nächsten Urlaub als Sklavin geschenkt.
Natürlich nur als Lustsklavin.
Eine Putzsklavin braucht man bei All Inclusive nicht.
Ich bin ja nicht dumm.
Vierzehn Tage war also er für mein Wohlergehen und meine Befriedigung verantwortlich.
Pech gehabt, mein Herr!
Doch wie kam ich nun in den Sand?
Unsere Reise führte uns mal wieder nach Cap D'agde, dem größten und wohl bekanntesten Nudistenclub Europas.
Zwei Wochen pure Sinnlichkeit.
Zwei Wochen Nacktsein.
Zwei Wochen Porno-Fantasien.
Außer einem Halsband und Sonnencreme Lichtschutzfaktor 20 trug ich meistens nicht sehr viel am Körper und das fiel natürlich rasch auf.
Wir kamen mit einigen netten Menschen ins Gespräch und schon bald wurden Möglichkeiten diskutiert, die Sklavin (also mich) ihrer

Berufung zuzuführen.
Ich durf... äh musste ein paar Schwänze blasen und wurde ordentlich auf einem Esstisch durchge...piept.
Einer nannte es Strafvögeln.
Really nice.
Und natürlich bekam ich auch einige Klapse auf meinen süßen Allerwertesten.
Das mag ich ab und an.
Auch wenn man mich beim Vögeln mit dem Finger hinten reizt.
Da geh ich ab wie Schmitz' Katze.
Finger im Po, Mexiko.
Aber irgendwann war ich befriedigt und wollte tanzen.
Die Buben sollten sich irgendwie anders behelfen.
Notfalls hatten sie ja auch ihre guten alten Hände.
Die Freunde der pubertierenden Jungs.
Das tat ich auch kund.
Böser Fehler.
Nun schaue ich also in die untergehende Sonne und eigentlich könnte es sooo romantisch sein.
Ich gemeinsam mit Schatzi am Strand.
Mittlerweile hatte Schatzi es aufgegeben, den Dildo zum Vibrieren zu bekommen.
Er baute sich vor mir auf und verdeckte die Sonne.
Danke.
Dann setzte er seinen sandigen Fuß auf meinen Kopf und begann, mich mit seinen Zehen zu ärgern.
Arschloch.
Schlussendlich bot er mir seinen großen Zeh zum Kuss.
Reinbeißen, dachte ich ganz kurz, ließ es aber dann doch lieber sein.
Ich gehorchte.

Irgendwie machte mich die Situation auch an.
Also nur so ein kleines bisschen.
Meine Zunge wanderte über seinen großen Zeh und schließlich nahm ich ihn zwischen meine feuchten Lippen und saugte genüsslich daran.
Merke: Sand schmeckt auf der ganzen Welt sch...
Unsere neuen Bekannten waren natürlich auch da und machten sich über die Situation lustig.
Ich lief wohl puterrot an, und wenn ich gekonnt hätte ...
Aber ich konnte ja nicht.
Und natürlich war auch der Strand am Abend nie ganz leer und schon bald hatte sich eine Menschentraube angesammelt.
Schatzi kniete sich nach einer Weile vor mich hin und schob mir sein Glied in den Mund.
Automatisch begann ich, ihn zu blasen.
Kopfkinokick!
Ich spürte das Blut, wie es durch seinen Schaft pulsierte.
Es begann zu zucken.
Ein wilder Tanz in meinem Mund.
Speichelsabber.
Sein Sabber.
Schlucken.
Applaus.
»Der nächste bitte«, hörte ich Schatzi sagen, während ich noch den Moment genoss.
Der nächste bitte?
Ups.
Nur Sekunden später drang ein weiteres Glied in meinen Mund ein.
Hände packten meinen Kopf und gaben einen schnellen, harten Rhythmus vor.

Minutenlang.
Mir wurde schwindelig und ich war froh, als ich endlich das Ergebnis in meinem Mund spürte.
Ausspucken.
Eine Frau nahm vor mir Platz und drückte meinen Mund gegen ihre Scham.
Salzgeschmack und Sonnencreme.
Sie legte sich zurück und genoss mein Zungenspiel.
Speichel und Mösensaft benetzten mein Gesicht und begann, beim Abtrocknen zu jucken.
Verdammt, kann mich da mal jemand kratzen?
Der Unterleib der Frau begann zu zucken und ich spürte die Kontraktion ihrer Muskeln.
Meine Zunge glitt forschend in sie.
Sie nahm meinen Kopf in ihre Hände, presste ihn gegen sich und kam schreiend.
Jammy!
Wieder ein Schwanz.
Die Sonne war mittlerweile hinter dem Horizont verschwunden.
Zeitverlust.
Willensleer.
Ich funktionierte.
Und ich funktionierte gerne.
Wild und unersättlich.
Mein Mund wurde zur Befriedigungsmaschine.
Ich ging darin auf.
Driftete weg.
Bis der Letzte sich zurückzog.
Nachdem wir wieder alleine waren, buddelte Schatzi mich auch wieder aus.

Irgendwie hatte ich Angst, dass er das vergessen könnte.
Und dann kommt die Flut.
Oder große Krabben, die mich in die Nase zwickten.
Um ehrlich zu sein, hatte er davor noch seine Blase auf mir entleert.
Gelber Sand spritzte in mein Gesicht und spülte den letzten Sabber weg.
Du bist ein Schwein, Schatzi, da hilft auch nicht deine »Strafe muss sein«-Floskel.
War wohl doch ein Sch...geschenk.
Da meine Blase auch voll und ich nun doch schon ein Weilchen eingebuddelt war, verspürte ich mittlerweile ebenfalls das Verlangen, mich zu entleeren.
Schatzi ließ sich aber Zeit mit dem Ausbuddeln.
Viel Zeit.
Er kannte meine Konfirmantenblase.
Kaum mit dem Auto losgefahren musste er auch schon wieder irgendwo anhalten, damit ich aufs Klo gehen konnte.
Die Minuten verrannen und ich ließ es einfach laufen.
Sah ja keiner.
Nur das Gefühl, wie die warme Flüssigkeit den Sand an meinem Körper durchdrängte, war ziemlich ekelig.
Der Abend endete mit einem gemeinsamen Bad in den warmen Fluten des Mittelmeers.

#144 GLITZERPLUG IN SAUNA

Analplug

Bei dieser Aufgabe führt man der Person einen Glitzerplug anal ein. Diese kleinen Metallplugs besitzen einen glitzernden Glaskopf, der dann gut zu sehen ist. Es gibt sie auch in einer leuchtenden Variante ...
Nun geht man mit der Person in eine öffentliche Sauna. Ob das Spielzeug wohl unentdeckt bleibt? Wie werden die Menschen reagieren?

Risiken: Erregung Öffentlichen Ärgernisses

#145 HERBSTSPAZIERGANG

Ein Maisfeld

Bei dieser Aufgabe begibt man sich mit der Person auf einen herbstlichen Spaziergang. Wie es der Zufall will, führt der Weg an einem Maisfeld vorbei. Nun bekommt die Person die Aufgabe, einen Maiskolben zu holen und zu schälen. Dieser wird der Person dann anal oder vaginal eingeführt.
Der Maiskolben muss eine schöne gelbe Farbe haben. Nur dann ist er reif und stabil genug.

#146 DIE AUTOFAHRT

Fotokamera

Bei dieser Aufgabe muss die Person nackt Auto fahren. Sie fährt zuerst angezogen bis zu einem Parkplatz, an dem sie sich ungestört ausziehen kann. Ihre Kleider sperrt sie in den Kofferraum. Um es etwas sicherer zu gestalten, kann man ihr erlauben, einen langen Mantel auf den Rücksitz zu legen, in den sie im Notfall hineinschlüpfen kann. Dann fährt sie los. Sie muss sowohl in der Stadt, auf der Landstraße als auch auf der Autobahn fahren. Führt sie diese Aufgabe alleine aus, muss sie laufend Beweisfotos fotografieren und sie per SMS oder danach per Mail versenden. Natürlich kann man als Aufgabensteller auch mit im Auto sitzen oder mit dem eigenen Auto hinterherfahren und die Route per Mobiltelefon dirigieren. Als kleine Erweiterung kann man auch einen einsamen Parkplatz anfahren, um dort noch ein erweitertes Programm durchzuführen, wie es zum Beispiel in der nächsten Aufgabe beschrieben ist.

Risiken: Erregung Öffentlichen Ärgernisses

#147 VORFÜHRUNG AUF EINEM PARKPLATZ

Fotokamera, Kondome, Gleitgel

Bei dieser Aufgabe wird die Person auf einem einsamen Parkplatz vorgeführt und zur Verfügung gestellt (Suchmaschine: Parkplatzsex). Überall in Deutschland und auch in anderen Ländern gibt es solche Treffpunkte auf Parkplätzen und Raststätten, auf denen (meistens Männer) darauf warten, dass dort Frauen (aber auch Männer) zur sexuellen Benutzung zur Verfügung gestellt werden.

Ablauf: Die Person kleidet sich entweder mit entsprechender Reizwäsche oder ist unter einem Mantel gleich völlig nackt. Am Parkplatz angekommen, kann man nun erst einmal die Fenster runterlassen, sodass sich die Person nackt zeigen muss.

Eventuell kann man den Fremden auch gestatten, die Person unsittlich zu berühren. Überdies wäre es denkbar, die Person zum Aussteigen aufzufordern und sie den Umstehenden dann auch sexuell zu überlassen.

Achtet jedoch unbedingt darauf, dass alles safe (also mit Kondom) abläuft. Im Normalfall herrscht auch dort eine gewisse Disziplin und mit klaren Anweisungen kann man das Geschehen ganz gut lenken. Eine weitere Steigerung könnte damit geschaffen werden, dass man der Person von Anfang an die Augen verbindet.

Möchte man das Ganze etwas kontrollierter gestalten, kann man auch eine Kontaktanzeige in einer Erotik-Community schalten, mit der man entsprechende Mitspieler sucht. Diese bekommen dann eine Uhrzeit, einen Ort und die Regeln des Abends mitgeteilt.

Alternativ eignen sich auch Lkw-Rastplätze gut dafür. Die Lkw-Fahrer sind sicherlich dankbar, wenn sie etwas Zeit mit einer willigen Frau verbringen können.

Risiken: Übergriffe durch Fremde, Erregung Öffentlichen Ärgernisses

#148 DIE UMKLEIDEKABINE 1

Fotokamera

Bei dieser Aufgabe muss die Person in ein Kaufhaus gehen und sich wirklich sexy Kleidungsstücke (Reizwäsche, Strapse usw.) aussuchen. Damit geht sie dann in eine Umkleidekabine. Sie zieht sich völlig nackt aus, und macht ein erstes Foto, das sie per SMS oder MMS an den Aufgabensteller versendet. Dann probiert sie nach und nach jedes Kleidungsstück an und macht erneut Fotos davon. Sie hat sich dabei in verführerischen oder aufreizenden Posen zu präsentieren. Auch diese Fotos versendet sie wieder per SMS/MMS.
Nun zieht sie sich wieder völlig nackt aus und hat so in der Kabine zu warten, bis der Aufgabensteller ihre eine SMS schickt, in der er ihr mitteilt, welches Outfit sie sich kaufen darf. Erst dann darf sie sich anziehen und die Kabine wieder verlassen.

#149 DIE UMKLEIDEKABINE 2

Fotokamera, Wäscheklammern

Auch bei dieser Aufgabe muss die Person in ein Kaufhaus gehen und eine Umkleidekabine aufsuchen. Dort zieht sie sich wieder nackt aus. Diesmal aber wird sie sich Wäscheklammern an die Brustwarzen, die Schamlippen oder Hoden und im Gesicht befestigen und davon Fotos machen.
Über die Anzahl der Fotos, die sie per SMS/MMS verschicken muss, kann man steuern, wie lange die Klammern befestigt bleiben.

#150 DAS BRENNEN

Brennnesseln

Bei dieser Aufgabe muss die Person durch ein Brennnesselgebiet laufen.
Solche Gebiete findet man in der freien Natur überwiegend an Waldrändern. Bekannt sind die Brennnesseln hauptsächlich für die von ihnen ausgelösten schmerzhaften Quaddeln, die sofort nach Berührung der Brennhaare auf der Haut entstehen. Diese Brennhaare sind lange einzellige Röhren, deren Wände durch eingelagerte Kieselsäure hart und spröde wie Glas sind. Das untere, flexiblere Ende ist stark angeschwollen und mit einer Brennflüssigkeit gefüllt. Die Spitze kann schon bei einer leichten Berührung abbrechen und hinterlässt

sodann eine scharfe Bruchstelle. Bei Kontakt mit dieser sticht das Härchen in die Haut des Opfers und gibt dort seinen ameisensäurehaltigen Inhalt ab. Das Brennnesselgift verursacht brennenden Schmerz und oft auch Entzündungen. Weitere Wirkstoffe der Brennflüssigkeit sind Serotonin, Histamin, Acetylcholin und Natriumformiat. Bereits ein Zehnmillionstel Gramm dieser Brennflüssigkeit reicht aus, um die fast allen aus eigener Erfahrung bekannte Wirkung zu erzielen. Da das Histamin die Blutkapillaren erweitert, können Reaktionen hervorgerufen werden, die allergischen Reaktionen ähneln. Seit also hier etwas vorsichtig, wenn ihr zu Allergien neigt*.

Beim Durchlaufen der Felder darf die Person keine verdeckende Kleidung tragen (zumindest keine langen Hosen).

Es gibt mehrere Möglichkeiten, diese Strafe zu vollziehen.

Eine davon ist, dass die Person das Feld innerhalb einer sehr kurzen Zeit zu durchlaufen hat. Schafft sie es nicht, muss sie es noch einmal versuchen. Diese Vorgehensweise verhindert, dass die Person durch geschicktes Bewegen der Berührung mit den Brennnesseln ausweicht.

Eine andere Möglichkeit besteht darin, die Person mit verbundenen Augen durch das Feld hindurchzuführen. Man selbst trägt dabei natürlich lange Hosen und Handschuhe, außer man lebt nach dem Motto: »Geteiltes Leid ist halbes Leid« ...

Alternativ kann man die Person auch gefesselt auf den Boden legen oder an einen Baum binden und sie mit Brennnesseln auspeitschen oder abreiben

Risiken: Allergische Reaktionen, Erregung Öffentlichen Ärgernisses.

---

* Quelle: Wikipedia.

#151 DIE KONDOM-FRAGE

Keine

Bei dieser Aufgabe muss die Person fremde Menschen auf der Straße ansprechen und nach Kondomen fragen – und zwar so lange, bis sie eines bekommt. Idealerweise ist der Aufgabensteller in der Nähe und überwacht die Erfüllung, nicht dass die Person einen Kondomautomaten besucht ...

#152 DER SPAZIERGANG

Keine

Bei dieser Aufgabe wird die Person zu einem öffentlichen Ort, wie zum Beispiel einem Parkplatz, einem Parkhaus, einem Park oder ähnlichem gebracht. Am besten nachts, wenn nicht mehr so viele beziehungsweise keine Menschen unterwegs sind.
Auch ein Autohof eignet sich dafür besonders gut, da die Lkw-Fahrer abends gerne ein kleines Rahmenprogramm geboten bekommen ...
Dann muss sie sich entkleiden und nackt loslaufen oder den Aufgabensteller auf einen Spaziergang begleiten. Ein Mantel für Notfälle sollte vom Aufgabensteller mitgeführt werden. Wie weit die Strecke ist, liegt beim Aufgabensteller. Natürlich kann man

auch Bekannte einweihen, die dann plötzlich erscheinen bzw. Geräusche machen ...

Risiken: Es gibt das Risiko, »erwischt« zu werden

#153 DER SPAZIERGANG 2

Fotokamera

Diese Aufgabe ist eine Variation von Aufgabe 152. In diesem Falle ist die Person allerdings alleine unterwegs und muss von sich selbst ein Nacktbild an einem bestimmten Ort machen. Dieses Bild wird dann per Mail an den Aufgabensteller verschickt. Sowohl der Ort als auch die Person muss dabei gut zu erkennen sein. Man kann die Person zum Beispiel nach ihrem Lieblingsort in ihrer Heimatstadt fragen und dann dort das Foto machen lassen. Beispiele:

- Nachts vor dem Opernhaus
- Am Eingang des Stadtparks
- Am Nachtschalter der Bank

Natürlich ist es auch möglich, eine Kleiderordnung vorzugeben, wie zum Beispiel halterlose Strümpfe, Reizwäsche usw.
Bitte achtet darauf, dass dort keine Überwachungskameras installiert sind. Gerade an Banken, Tankstellen usw. findet man das oft.

Risiken: Es gibt das Risiko, »erwischt« zu werden

#154 PRINZESSIN AUF DER ERBSE

High Heels/Schuhe, kleine Steine und Erbsen

Bei dieser Aufgabe muss die Person Erbsen oder kleine Kieselsteine auf die Innensohle ihrer Heels oder Schuhe legen bzw. mit Klebeband an den Fußsohlen befestigen. Dann darf sie zur besten Einkaufszeit shoppen gehen. Zumindest ein kleiner Spaziergang entlang einer Einkaufsstraße ist durchzuführen.
Nach kurzer Zeit wird die anfängliche Eleganz durch den Schmerz sicherlich in ein peinliches und schmerzhaftes Gestakse münden. Will man dies nicht öffentlich durchführen, kann man natürlich auch eine entsprechende Party besuchen.

#155 DER SLIP AUF DEM TISCH

2–3

Keine

Bei dieser Aufgabe geht man mit der Person in ein Restaurant. Nach dem ersten Gang schickt man die Person auf die Toilette und gibt ihr die Anweisung, ihren Slip auszuziehen und mitzubringen. Trägt die Person einen Rock, kann man auch verlangen, dass sie den Slip am Tisch auszieht. Nun muss die Person ihren Slip gut sichtbar neben ihren Teller auf den Tisch legen. Dort verbleibt er, bis das Restaurant wieder verlassen wird.

#156 AUTOWÄSCHE

Keine

Bei dieser Aufgabe muss die Person im Bikini bzw. in knapper Badehose das Auto des Aufgabenstellers von Hand waschen. Man fährt hierzu am besten in eine Waschstraße. Die Scheiben, Felgen und Lichter werden natürlich mit einem Schwamm gründlich von Hand vorgereinigt.
Um noch mehr Aufmerksamkeit zu bekommen, kann man nebenher ja auch noch eine paar Fotos davon schießen. Und natürlich muss das Auto auch gründlich ausgesaugt und das Cockpit poliert werden. Hierzu bückt sich die Person natürlich ins Auto und präsentiert ihr Hinterteil.

#157 DIE HALTERLOSEN

Halterlose Strümpfe

Bei dieser Aufgabe muss die Person einen extrem kurzen Rock und halterlose Strümpfe tragen. So bekleidet geht man dann zum Essen in ein Restaurant. Die Person hat darauf zu achten, dass stets der Ansatz der Strümpfe zu sehen ist. Natürlich kann man auch Strapse verwenden. Die Person sitzt dabei immer am Gang, damit sie sich im Blickfeld der anderen Gäste befindet.

Auch ein Barhocker ist gut geeignet, die Blicke auf sich zu lenken. Um die Wirkung zu verstärken, kann man auch eine dünne Bluse ohne BH anordnen. Bitte achtet darauf, dass das Ganze gerade so sexy ist, dass ihr nicht des Lokals verwiesen werdet und dass das Lokal nicht in eurem Wohnort liegt.

#158 DER BLICK UNTER DEN ROCK

Fotokamera

Bei dieser Aufgabe muss die Person ohne Unterwäsche und mit einem kurzen Rock bekleidet einkaufen gehen. Die Aufgabe besteht nun darin, alle 10 Minuten mit dem Mobiltelefon ein Foto unter ihren eigenen Rock zu machen und das Bild zu versenden. Damit etwas zu erkennen ist, wird sie den Rock dabei wohl leicht anheben müssen. Während einer Shoppingpause muss sie sich dann unter den Rock fotografieren, während sie auf einer Bank sitzt. Dazu wird sie ihre Beine spreizen müssen. Oder sie muss sich in einem Gang in einem Lebensmittelgeschäft hinkauern und ein Foto machen.

Ob irgendjemand bemerkt, was sie tut?

Das Ganze macht man am besten an einem Samstag zur besten Einkaufszeit. Natürlich kann man die Aufgabe noch erschweren, indem die Person einen Plug tragen muss.

#159 DAS HALSBAND

Lederhalsband und Glöckchen

Bei dieser Aufgabe muss die Person ein Lederhalsband tragen, an dem ein Ring befestigt ist. Diese Halsbänder findet man unter dem Namen »Sklavenhalsband« in vielen Shops und im Internethandel.

Am Ring wird eventuell noch ein kleines Glöckchen befestigt. So ausgestattet geht man abends in ein Lokal oder Restaurant.

#160 DAS HALSBAND DIE ZWEITE

Lederhalsband und Hundeleine

Die letzte Aufgabe kann man noch steigern, indem man am Halsband eine Hundeleine befestigt und die Person so quasi »Gassi führt«. Beim Besuch einer Bar wird einem die Aufmerksamkeit der anderen Gäste sicher sein.

#161 FERNGESTEUERT

Fernbedienbares Vibrations-Ei

Bei dieser Aufgabe wird der Person ein fernbedienbares Vibrationsei eingeführt, bevor man zum Beispiel in ein Restaurant oder eine Bar ausgeht. Nun kann der Aufgabensteller ab und an das Ei zum Vibrieren bringen. Geeignete Momente sind das Bestellen, das Tanzen, während eines Gespräches mit Fremden. Wir haben die Fernbedienung auf einer Erotikparty auch schon mal von Hand zu Hand gehen lassen und die Person wusste nie, wer gerade die Macht über das Ei besaß. Diese Vibrationseier erhält man in jedem gut sortierten Erotik-Versandhandel.

Erschwerend kann man der Person anweisen, dass sie selbst die Fernbedienung einem Fremden überreichen muss. Eventuell ist es aber dann besser, einen guten Bekannten als »Fremden« einzubinden.

#162 DER PASSAUTOMAT

Keine

Bei dieser Aufgabe muss die Person sich in einen öffentlichen Passbildautomaten begeben und dort Nacktbilder von sich machen. Diese müssen dann als Beweis dem Aufgabensteller übergeben werden.

Leider gibt es diese Automaten immer seltener. Meistens findet man sie noch an Bahnhöfen oder in großen Einkaufszentren. Die einfachste Variante sind »oben ohne«-Fotos. Bitte achtet darauf, dass die Beine/Füße bei diesen Passbildautomaten unter dem Vorhang sichtbar sind, nicht das jemand denkt, der Automat ist gerade frei und zieht den Vorhang zur Seite.
Achtung: Sollte sich die Person also ganz ausziehen müssen, wird dies sicherlich nicht unbemerkt bleiben.

#163 STADTBUMMEL

Keine

Bei dieser Aufgabe muss die Person mit einem kurzen Rock bekleidet in der Stadt bummeln gehen. Der hintere Teil des Rockes wird allerdings in den Slip gesteckt, sodass der Po beziehungsweise der Slip zu sehen ist. Das ganze muss so wirken, als ob die Person beim Anziehen unachtsam gewesen war. Der Aufgabensteller kann dann hinter der Person herlaufen und einige Fotos schießen. Die Aufgabe ist dann erfüllt, wenn eine bestimmte Strecke zurückgelegt wurde oder ein Passant die Person auf ihr »Missgeschick« aufmerksam macht.

#164 BLINDFOLDED

Augenbinde

Bei dieser Aufgabe muss die Person ins Theater, Konzert oder ins Kino gehen und sich dort eine Augenbinde aufsetzen. Diese verbleibt dort bis zum Ende der Vorstellung. Die Blicke des Publikums werden sicherlich auf euch ruhen.

#165 EROTIKMESSE

Hundeleine

Bei dieser Aufgabe bringt man die Person auf eine Erotikmesse. Dort muss sie sich nackt ausziehen (oder heiße Dessous tragen) und bekommt eine Hundeleine angelegt. An dieser führt man die Person nun über die Messe, bummelt durch die Stände usw.
Bitte achtet darauf, dass sich die Person beim Verlassen der Messe wieder anzieht J
Als weitere Erschwernis kann man die Person auch mit einem Schild oder einem Edding zum Beispiel als »Schlampe« kennzeichnen. Diese Aufgabe würde ich allerdings nicht im näheren Umfeld zum Wohnort durchführen, da dann eine realistische Gefahr besteht, einen Nachbarn zu treffen.

Erlebnisbericht von P.

Es war ein Wochenende in der Nähe von Stuttgart und mein damaliger Herr lud mich zu sich ein. Wir führten leider eine Wochenendbeziehung, aber über Mail und Skype überbrückten wir die Wartezeit zwischen zweier Treffen. Die große Entfernung hatte allerdings einen Vorteil. Die wenige Zeit, die wir miteinander verbrachten, gestalteten wir dann absolut authentisch als Herr und Sklavin. Ich diente und gehorchte meinem Herrn bei diesen Treffen also von morgens bis abends als (Lust-)Sklavin. Normalerweise schlossen wir uns das ganze Wochenende ein, doch dieses Mal sprach mein Herr im Vorfeld über eine öffentliche Vorführung. Ich wusste, dass mein Herr Kontakte zu anderen Herren pflegte und war gespannt, was er sich ausgedacht hatte.
Wie viele Herren mögen es wohl sein?
Waren auch andere Sklavinnen dabei?
Die kleine Schlampe in mir fühlte schon lange diese Sehnsucht nach »benutzt werden«.
Multible Orgasmen.
Meine Öffnungen ausgefüllt.
Lustobjekt.
Ja, ein Traum würde in Erfüllung gehen.
Ich konnte die Tage des Wartens kaum ertragen.
Dann endlich brachte mich der Zug vom kalten Norden in den warmen Süden. Schon auf der Fahrt war ich völlig in meiner Rolle. Unter dem kurzen Kleid trug ich keine Unterwäsche und unter dem Kragen versteckte sich mein Lederhalsband, das mich als Sklavin kennzeichnete.
Das monotone Rattern des Zuges ließ mich in einen Tagtraum weggleiten.
Ich nackt zwischen vielen Männern, die mich gierig betrachteten.
Ich stand auf einem Podest und wurde begutachtet.
Hände griffen mich ab und berührten mich an meinen intimsten Stellen.

Ich wurde emporgehoben und auf einen Tisch gelegt.
Kräftige Arme hielten mich fest, während einer nach dem anderen in mich eindrang und sich an mir befriedigte.
Bahnhof Stuttgart.
Demonstranten gegen das Bahnprojekt liefen mit bunten Schildern umher.
Ein paar Obdachlose versuchten, sich unsichtbar zu machen, als eine Polizeistreife vorüberging.
Ein sonniger Tag.
Mein Herr wartete bereits mit dem Auto direkt vor dem Bahnhof auf mich.
Ich stieg ein.
Ein kurzer Kuss.
Ein Griff zwischen meine Beine.
Ein Lächeln.
Die Fahrt ging los.
Eigentlich bin ich davon ausgegangen, dass wir zuerst zu ihm fahren würden, um uns dann abends mit den anderen zu treffen.
Doch die Fahrt ging Richtung Autobahn.
Als ich nachfragte, lächelte er nur und nahm den Finger vor den Mund.
Also schwieg ich.
Nach eine knappen Stunde kamen wir in Sindelfingen an, einer kleinen Industriestadt in der Nähe von Stuttgart.
Mein Herr steuerte auf eine Messehalle zu, über deren Eingang ein riesiges Plakat mit einer hübschen Frau eine Erotikmesse ankündigte.
Die Messe öffnete soeben ihre Pforten und ich freute mich darauf, mit meinem Herrn all die herrlichen Dinge einkaufen zu gehen, die wir am Abend dann ausprobieren würden.
Wir stellten den Wagen ab, zahlten einen respektablen Eintritt und betraten das Gelände.

Die Halle war schon gut gefüllt und die ersten Shows liefen auch schon.
»Ausziehen«, flüsterte mir mein Herr ins Ohr. Ich starrte ihn an.
»Toller Witz.«
Eine Ohrfeige überzeugte mich vom Gegenteil.
»Ausziehen.«
Während er dies sagte, holte er eine Hundeleine aus seiner Jackentasche.
Mittlerweile hatte ich mich etwas gefangen.
Mich in aller Öffentlichkeit nackt auszuziehen schien mir aber dennoch unmöglich.
»Zum letzten Mal, AUSZIEHEN.«
Nun gehorchte ich automatisch.
Ich zog mein Kleid über den Kopf und stand nackt da.
Ein paar überraschte Blicke trafen mich. Ein paar Jugendliche stupsten sich an und grinsten.
Zutritt erst ab 18!
Ob die schon 18 waren?
Ich bedeckte meine frisch rasierte Scham mit den Händen und versuchte auch, meine Brüste vor den Blicken zu verstecken.
Langsam befestigte mein Herr die Hundeleine an meinem Halsband. Dann drehte er mich um und bevor ich reagieren konnte, verschloss er meine Arme mit einer Handschelle hinter meinem Rücken.
Nun war auch mein letzter Schutz weg.
Ich war den Tränen nahe.
Er zog mich zu sich ran und schaute mir in die Augen.
»Du bist mein Eigentum und ich mache mit dir, was ich will.«
Ich nickte – er hatte ja recht.
Er streichelte mein Gesicht und gab mir einen Kuss.
Dann stürzten wir uns ins Getümmel der Menschen.
Immer wieder überraschte oder auch neugierige Blicke blieben auf meinem Körper haften.

Eine Pornodarstellerin tänzelte mit Fotografen im Anhang über die Messe und hielt ihre Plastikbrüste in jede Kamera.
Sie lächelte mich freundlich an und hob den Daumen.
Der Zug an der Leine führte mich von Stand zu Stand.
Aus der Menge heraus spürte ich plötzlich eine Hand auf meinem Po, doch bevor ich mich beschweren konnte, war der junge Mann bereits im Getümmel verschwunden.
Langsam gewöhnte ich mich an die Situation und begann, sie sogar zu genießen.
Bewundernde Blicke auf meinen Brüsten.
Mein Herr traf an einem Stand einen Bekannten und stellte mich als seine Sklavin vor.
Gibt es so etwas wie Stolzscham?
Nach einem kurzen »Darf ich?« und einem Kopfnicken meines Herrn, begann der Mann, mich abzutasten. Ein prüfender Griff an meine Brüste, ein kurzes Ziehen an einer Brustwarze.
Dann der Griff in meinen Schritt.
Ein Finger drang in meine Scham.
Eigentlich flutschte er hinein.
Ich hatte die Feuchtigkeit dort schon vorher gespürt, aber nun wurde es offensichtlich, dass ich erregt war.
Mein Herr und sein Bekannter lachten.
Schamesröte schoss mir ins Gesicht.
Mein Herr verabschiedete sich und wir stürzten uns wieder ins Getümmel.
Seinen Bekannten sollte ich am Abend wiedersehen.
Aber das ist eine andere Geschichte.
Schräg gegenüber begann die Show einer Tänzerin, die sich nach dem Stangentanz diverse Dildos in ihre Öffnungen schob.
Ich beneidete sie um ihre Gelenkigkeit und ihre natürliche Art, sich nackt vor anderen zu präsentieren.

Überall Fotoapparate.
Blitzlichter.
Der eine oder andere nahm auch mich in den Fokus und ich versuchte, mein Gesicht hinter meinen langen Haaren zu verbergen.
Mittlerweile waren meine Unsicherheit und meine Scham gewichen.
Ich war stolz und begann, die Blicke auf meinem Körper zu genießen.
Nach einer halben Stunde führte mich mein Herr zum Ausgang und ich hatte kurz die Befürchtung, er würde mich nackt quer über den Parkplatz zum Auto führen.
Doch dann löste er mir am Eingang die Handschellen, nahm mich in den Arm.
Ich spürte seinen Stolz und seine Nähe.
Ein langer Kuss, dann durfte ich mich wieder anziehen.

#166 SAUNAGANG

Keine

Bei dieser Variation von Aufgabe 144 begleitet man die Person in eine Sauna. Dort hat sie sich immer mit gespreizten Beinen hinzusetzen und allen Anwesenden einen guten Blick auf ihr Geschlecht zu gönnen. Natürlich muss sich die Person auch mit angezogenen und gespreizten Beinen auf die Saunabank setzen. Gerade für schüchterne Frauen ist diese Aufgabe eine Qual, weil sie permanent angestarrt werden wird.

#167 PEITSCHEN KAUFEN

Keine

Bei dieser Aufgabe geht man mit der Person in ein Reiterfachgeschäft und probiert dort die Peitschen aus – natürlich an der Person. Diese muss sich bücken und ihren (bekleideten) Po präsentieren. Nun testet man ausgiebig alle Peitschen durch. Der Ladenbesitzer und die anderen Kunden werden ihren Spaß haben.

#168 DER ÖFFENTLICHE KUSS

Keine

Bei dieser Aufgabe muss die Person in aller Öffentlichkeit (Einkaufsstraße, Geschäft, ...) auf die Knie gehen und die Schuhe des Aufgabenstellers küssen.

#169 ERNTEZEIT

Keine

Bei dieser Aufgabe muss die Person nackt Himbeeren oder Brombeeren ernten gehen. Natürlich finden sich die Besten immer ganz oben oder ganz weit hinten in der Hecke. Schon nach kurzer Zeit wird sich die Haut mit kleinen Abschürfungen überziehen. Natürlich kann man zur Sicherheit der Person eine Schutzbrille aufsetzen. Aus den Früchten macht man dann eine Marmelade, sodass man bei jedem Frühstück eine kleine Erinnerung an die Ernte hat.

Risiken: Keine, wenn man vorsichtig ist

#170 SLIPLESS IN THE CITY

Keine

Bei dieser Aufgabe muss die Person in einem sehr kurzen Rock, aber ohne Slip in eine Bar oder Discothek gehen. Es wird ihr angewiesen, sich so hinzusetzen oder hinzustellen, dass ein aufmerksamer Beobachter das Fehlen des Slips erahnen kann.

Ihre Aufgabe besteht nun darin, dass sie einen fremden Mann ansprechen muss. Diesen soll sie im Laufe des Abends dazu bringen, sie unter dem Rock zu befummeln.

#171 DIE KOPIE

Kopiergerät

Bei dieser Aufgabe muss die Person von ihrer Brust eine Kopie machen. Das bedeutet, die Person beugt sich mit entblößtem Oberkörper auf ein Kopiergerät und macht eine Kopie davon. Idealerweise in einem Copyshop und nicht auf der eigenen Arbeitsstelle. Das könnte ansonsten arbeitsrechtliche Konsequenzen haben. Die Kopie ist dem Aufgabensteller zu übergeben.

Risiken: Erregung Öffentlichen Ärgernisses

#172 MONDGESANG

0-99 2–3

Keine

Abends ... Ein einsamer Parkplatz ... Ein paar Schritte entfernt, ein mächtiger Baum im Wald ...
Davor steht eine brennende Kerze ... Ein Kopfhörer mit einem Musikplayer, eine Augenbinde ... beides setzt du auf ... mit der Kerze zwischen deinen Füßen lehnst du dich gegen die warme Rinde ... Du spürst die Wärme und die Kraft.
Ruhe kehrt ein ... Die Musik beginnt und du wartest ...

Das sind die Anweisungen, die die Person erhalten hat.
Der Aufgabensteller (oder ein Mitspieler) muss also ein paar Minuten vor der Person vor Ort sein, alles vorbereiten und sich dann in der Nähe verstecken. Es ist also bei der Platzwahl nicht nur auf Einsamkeit, sondern auch auf gute Versteckmöglichkeiten zu achten. Sobald die Person den Anweisungen gefolgt ist, verlässt man sein Versteck und das Spiel beginnt. Was nun geschieht, überlasse ich eurer Fantasie (Abgreifen, benutzen, Oralverkehr, Peitschen ...). Idealerweise darf die Person die Augenbinde erst dann abnehmen, wenn sich die Aufgabensteller wieder entfernt haben. Als Steigerung kann man auch eine andere Person mit einbinden.

Risiken: Erregung Öffentlichen Ärgernisses

#173 DER BADESEESTRIP

0–99 2–3

Keine

Bei dieser Aufgabe geht man mit der Person in einem Badesee baden. Sobald man etwas tiefer im Wasser ist, verlangt man von der Person, dass sie sich entkleidet und die Badekleidung dem Aufgabensteller übergibt. Der Aufgabensteller verlässt nun das Wasser. Irgendwann muss die Person das Wasser ebenfalls verlassen und kann sich der Blicke der anderen Badegäste sicher sein. Diese Aufgabe sollte man allerdings nicht an einem Sonntagnachmittag machen, wenn viele Kinder unterwegs sind.

Risiken: Erregung Öffentlichen Ärgernisses

#174 ÖFFENTLICHER BLOWJOB

Keine

Nun wird es richtig heikel. Die Person wird aufgefordert, in aller Öffentlichkeit einen Blowjob (= Oralverkehr) zu geben. Dies kann in einer Diskothek in einer dunklen Ecke sein, in einem leeren Abteil der Bahn, in einem Park oder überall dort, wo man mit großer Wahrscheinlichkeit nicht erwischt werden kann.
Achtet unbedingt darauf, dass ihr dabei nicht Unbeteiligte involviert und schon gar keine Kinder. Besonders die Nachtstunden sind dafür gut geeignet. Zudem gibt es einschlägige Foren über Treffpunkte auf Parkplätzen usw. Dann hat man sicherlich auch ein paar Zuschauer, die sich nicht beschweren werden.

Risiken: Erregung Öffentlichen Ärgernisses

#175 NACKT IM REGEN

Keine

Bei dieser Aufgabe geht man mit der Person an einem sommerlichen Regentag spazieren. Die Person ist dabei nackt. Bei Regen werden nicht viele anderen Spaziergänger unterwegs sein und so kann man ausgedehnte Wanderungen durchführen. Der Aufga-

bensteller ist natürlich bekleidet und besitzt einen Schirm, mit dem er sich schützt. Macht das Ganze bitte nicht bei Gewitter und habt für den Notfall auch einen Mantel dabei, in den die Person rasch hineinschlüpfen kann. Ihr werdet überrascht sein, welch sinnliches Abenteuer dies ist.
Der warme Regen auf der nackten Haut, die Möglichkeit, ertappt zu werden, die erotische Stimmung in der Luft ...

Risiken: Erregung Öffentlichen Ärgernisses

176 GRUNDSTELLUNG

Keine

Bei dieser Aufgabe muss die Person völlig unbeweglich während der Haupteinkaufszeit auf einem Marktplatz oder einer Einkaufsstraße stehen.
Ihre Hände sind auf dem Rücken verschränkt, der Kopf ist gesenkt und die Beine gespreizt. Bald werden sicherlich ein paar Neugierige stehen bleiben und die Person beobachten. Der Aufgabensteller kann mit seinem Mobiltelefon in der Nähe stehen und ihr Anweisungen geben, welche Grundstellung (siehe # 1) sie einnehmen soll.

#177 TANKEN

Keine

Bei dieser Aufgabe muss die Person sehr offenherzig angezogen an einer Tankstelle tanken gehen und danach dann natürlich auch an der Kasse bezahlen. Besonders ein sehr kurzer Rock, durchsichtiges Oberteil ohne BH, halterlose Strümpfe und High Heels werden die Aufmerksamkeit des Tankpersonals erregen.
Alternativ tut es natürlich auch ein Drive-In-Schalter, in den man »oben ohne« hineinfährt.

#178 FOTOSESSION IN DER EINKAUFSPASSAGE

2–3

Fotokamera

Bei dieser Aufgabe muss die Person die erotischsten Frauen in einer Einkaufspassage fotografieren. Finde die besten Frauenpopos, die längsten Beine, die höchsten Heels, die engsten Hosen, die aufregendsten Oberteile, die tiefsten Ausschnitte und sende die Fotos im Anschluss dem Aufgabensteller zu.

Risiken: Aggressive »Modelle«

#179 EISZAPFEN

Keine

Bei dieser Aufgabe unternimmt man mit der Person einen Winterspaziergang.
Mit etwas Glück findet man irgendwo einen tollen Eiszapfen, den man vorsichtig ablöst. Nun muss die Person ihren Unterleib entblößen und man führt den Eiszapfen in eine passende Körperöffnung ein. Für Personen, die leicht Unterleibsschmerzen beziehungsweise Blasenentzündungen bekommen, ist diese Aufgabe nicht geeignet.

Risiken: Keine, wenn man es nicht übertreibt

#180 DER BODEN, DEN DU BETRETEN HAST …

Keine

Bei dieser Aufgabe muss die Person den Boden, den der Aufgabensteller betreten hat, küssen – und zwar im wahrsten Sinne des Wortes.
Die Fußspuren am Strand eignen sich besonders dafür. Vor allen Dingen, wenn die Person etwa 100 Meter Fußspuren küssen muss.

Risiken: Eventuell Erregung Öffentlichen Ärgernisses

#181 UNTERWASSERKUSS

Keine

Bei dieser Aufgabe besucht man mit der Person ein Frei- oder Hallenbad. Die Aufgabe besteht nun darin, dem Aufgabensteller unter Wasser die Füße zu küssen. Wie oft die Person das machen muss, bleibt natürlich euch überlassen. Natürlich besteht auch die Möglichkeit, andere Körperteile einzubinden. Unter Wasser sieht die sicherlich vorhandene Öffentlichkeit ja nur schemenhaft, was gerade passiert.

#182 HOTELTÜR

Keine

Die Person wird in ein Hotel bestellt und hat an einer Zimmertür zu klopfen.
Nun wird ein Zettel von innen durch die Tür geschoben.
Darauf steht:
»Ich lasse dich erst herein, wenn du nackt bist.«
Ob die Person die Aufgabe erfüllen wird?
Je später der Abend, umso geringer ist die Wahrscheinlichkeit, dass jemand unverhofft die Szene betritt.
Alternativ kann hinter der Tür dann auch ein Fremder warten ...

Risiken: Hausverbot im Hotel

#183 SLIP-STRIP

Keine

Bei dieser Aufgabe muss die Person mit einem Kleid bekleidet einen Stadtbummel mit dem Aufgabensteller machen. Mitten auf dem Marktplatz erhält die Person die Anweisung, ihren Slip auszuziehen. Auch wenn niemand wirklich etwas sehen wird, ist das Ausziehen des Slips doch sehr eindeutig und wird vielleicht den einen oder anderen Kommentar provozieren.

#184 FAHRRADTOUR

Fahrrad

Bei dieser Aufgabe muss die Person ohne Slip und mit einem sehr, sehr kurzen Rock sowie einem weit ausgeschnittenen T-Shirt (natürlich ohne BH) eine Fahrradtour unternehmen. Da erntet sie sicherlich den einen oder anderen irritierten Blick.

#185 FAHRRADTOUR DIE ZWEITE

Analplug

Und wenn man schon mit dem Fahrrad unterwegs ist, kann man von der Person verlangen, die gesamte Tour mit einem Analplug oder Dildo zu fahren. Mit einem Vibrationsei mit Fernsteuerung können sogar zusätzliche Reize übermittelt werden.

#186 WINTERZEIT

Eiskratzer

Draußen ist es kalt und die Autoscheiben sind vereist. Die Person muss sich nun entkleiden und dann lediglich mit Mantel und Schuhe bekleidet die Autoscheiben des Wagens des Aufgabenstellers sorgfältig enteisen

FREMDE HAUT – MITSPIELER ERWÜNSCHT

Für viele Menschen findet Erotik nur in der Beziehung statt – zumindest wird dies nach außen hin so dargestellt.
Die offiziellen Zahlen von Scheidungen, außerehelichem Sex und die Zahl der Prostituierten lassen aber ein anderes Bild entstehen. Das Internet bringt dieses erotische Weltbild aber langsam zum Einstürzen.
Immer mehr Menschen beginnen offen über Polyamorie, offene Beziehungen, Cuckolding, Wifesharing, Swingerclubs, Erotikpartys, Partnertausch und Friends with benefits zu sprechen. In Erotikkommunitys finden sich Tausende, die Erotik nicht nur mit dem eigenen Partner ausleben, sondern ihren Sex durch das Hinzunehmen anderer Personen bereichern – sei es getrennt oder zusammen. Ich möchte an dieser Stelle auch meine eigenen Erfahrungen einbringen, auch wenn dies in einem Sachbuch eigentlich nichts zu suchen hat.
Aber ich glaube, es ist hilfreich, um diese Spielart besser zu verstehen. Ich wuchs in einem ganz normalen Elternhaus auf (guter Mittelstand) und bin daher auch mit ganz normalen Werten aufgewachsen. Im sexuellen Bereich wurde ich einigermaßen aufgeklärt und es war klar, dass man Sex eben nur mit dem Partner hat.
Warum das so ist, konnte beziehungsweise wollte mir niemand erklären. Ok, ich habe auch nicht hinterfragt, weil es so richtig erschien. So weit so gut.
Mit 13 bekam ich meine erste Erektion und ab sofort war die Selbstbefriedigung mein liebstes Hobby. Schon damals drehten sich meine Fantasien um BDSM. Es war mir klar, dass dies keine übliche Neigung war, ich hatte aber auch nie Probleme damit.

Nur die Partnersuche gestaltete sich schwierig.
Mit den Zeiten des Internets eröffneten sich aber rasch neue Möglichkeiten und so dauerte es nicht lange, bis ich erste Erfahrungen sammeln konnte.
Ich verschlang Bücher (»Geschichte der O« usw.) und schließlich kam mir der Gedanke, dass es doch toll wäre, auch mal mit einer anderen Frau BDSM/Sex auszuleben als mit der aktuellen Partnerin. Zum Glück war ich so mutig, es bei ihr anzusprechen und ging durch offene Türen.
Rasch fanden wir ein ansprechendes Paar und trafen uns.
Wir waren uns sympathisch und im ersten Schritt begannen wir, eher nebeneinander und jeder mit der eigenen Partnerin »rumzumachen«. Es war ein etwas komisches Gefühl, beobachtet zu werden, und als Mann hatte ich auch etwas Versagensängste. Zum Glück hat es gut geklappt J
Beim nächsten Mal wurden wir schon etwas mutiger – Petting über Kreuz, aber noch ohne Sex.
Als V. meine damalige Freundin streichelte, kam schon etwas Eifersucht hoch, aber ich bekam im Gegenzug ja auch etwas sehr Schönes und so war die Lust größer als die Eifersucht.
Dann der erste Sex (in getrennten Räumen).
Fantastisch!
Mittlerweile kannte man sein Gegenüber schon etwas besser und auch die vielen Gespräche davor und danach waren hilfreich. Ich denke, Kommunikation und Ehrlichkeit sind das absolute Muss, wenn man die Beziehung gegenüber anderen öffnen möchte.
Ganz wichtig ist es, dass man es langsam angehen lässt. Hier ist immer derjenige ausschlaggebend, der mehr Zeit benötigt.
Was überhaupt nicht funktionieren wird, ist das Überreden des Partners oder wenn eine(r) aus Liebe weiter geht, als er/sie eigentlich will. Da ist rasch die ganze Beziehung zum Scheitern verurteilt.
Aber was ich eigentlich für mich erfahren habe, ist, dass unsere

Sexualmoral anerzogen ist. Kann man sich davon lösen, steht einem eine fantastische Welt offen.
Mittlerweile bin ich absolut eifersuchtsfrei und meine Frau und ich genießen unsere Freiheiten seit vielen Jahren.
Doch beenden wir diesen kurzen Exkurs und kommen wir zum eigentlichen Thema – den Aufgaben und Strafen unter Einbeziehungen anderer.

#187 DATE MIT EINEM FREMDEN

Eventuell Sextoys und Fesseln, Fotokamera

Die Aufgabe besteht darin, dass sich die Person mit einem Fremden in einem Hotelzimmer treffen und ihm dort zu Willen sein muss. Idealerweise kennt man als Aufgabensteller diesen Fremden (z. B. ein Freund) oder man sucht jemanden per Kontaktanzeige und trifft sich vorher zu einem »Beschnuppern«.
Die Person geht also in ein Hotelzimmer und entkleidet sich dort. Eventuell legt sie auch Fesseln und Sextoys bereit. Kurz vor dem Eintreffen des Fremden legt sich die Person dann eine Augenbinde an und kniet sich in den Raum. Sie muss allerdings vorher sicherstellen, dass die Zimmertür von außen zu öffnen ist, da es sonst ein recht einsames Knien werden kann.
Das Timing ist wichtig und somit dürfen weder die Person noch der Fremde zu spät kommen.
Der Fremde betritt nun das Zimmer und schließt hinter sich ab. Eventuell kann man als Organisator auch mit hineinschlüpfen. Ist dies möglich, sollte man sich allerdings völlig ruhig verhalten.

Wichtig ist auch, dass man vorher mit dem Fremden alles genau durchspricht und die Wünsche und Tabus der Person benennt. Danach macht der Fremde dann all das, was er will (und was sich die Person insgeheim erhofft).
Sobald die Aufgabe erfüllt ist, verlässt der Fremde das Zimmer (aber bitte daran denken, die Person vorher wieder zu befreien). Die Person muss dann noch fünf Minuten auf dem Bett verharren und darf erst nach Ablauf dieser Zeit das Zimmer verlassen. Ob die Person erfährt, wer der Fremde war, überlasse ich euch.
Beides hat seinen eigenen Reiz.
In der Lobby kann man dann die Person »abfangen« und noch etwas trinken gehen, um den Abend zu beschließen.

188 NIP MIT EINEM FREMDEN

Fotokamera

NIP = Nude in public
Diese Aufgabe kann von beiden Geschlechtern durchgeführt werden, eignet sich aber wohl mehr für Frauen. Bei dieser Aufgabe muss die Person mit einem Mantel bekleidet einen Fremden ansprechen und ihn bitten, ein Foto von ihr zu machen. Dabei hat sie dem Fremden mitzuteilen, dass sie unter dem Mantel nackt ist und der Mantel für das Foto kurz geöffnet wird. Nun kann der Fremde immer noch ablehnen. Auch dieses Foto kann dann per Mail an den Aufgabensteller versendet werden.

Risiken: Erregung öffentlichen Ärgernisses

#189 BEWERTUNG DER SEXUELLEN FÄHIGKEITEN

Keine

Bei dieser Aufgabe muss die Person ihre ehemaligen Sexualpartner per E-Mail um eine Bewertung ihrer damaligen sexuellen Fähigkeiten bitten. Als Grund kann man ja eine verlorene Wette angeben. Bitte achtet darauf, dass nur diejenigen befragt werden, die das nicht an »die große Glocke hängen«.

Folgender Bogen kann dabei verwendet werden.

Praktik	Note					Bemerkung
	Sehr gut	gut	ok	schlecht	mies	
Verführungskünste						
Ausdauer						
Qualität des Oralverkehrs						
Qualität des Analverkehrs						
Qualität des Vaginalverkehrs						
Qualität der Küsse						
Fantasie						
Offenheit gegenüber neuen Praktiken						
Häufigkeit						
Initiative (Habe ich von mir aus Sex eingefordert?)						

Geilheit						
Zärtlichkeit						
War ich bemüht, auf dich einzugehen?						
Orgasmusfähigkeit						
Geschmack (Sperma/Saft)						
Der Sex mit mir war …						Gesamtnote
Was hat dir gut gefallen?						
Wo warst du unzufrieden?						
Was hättest du dir gewünscht?						
Sonstiges/ Freier Eintrag						

Der ausgefüllt Bogen soll dann direkt an die Mailadresse des Aufgabenstellers gesendet werden, damit die Person nichts beschönigen kann.

190 EIN 3-GÄNGE-MENÜ

Entfällt

Bei dieser Aufgabe muss die Person ein genussvolles 3-Gänge-Menü kochen und andienen.

Die Tafel für die Gäste ist stilvoll gedeckt. Das Essen wird frisch gekocht und warm serviert. Das Esszimmer ist mir Kerzen er-

leuchtet, Klaviermusik erklingt aus den Boxen. Das Ambiente muss perfekt sein.
Die Person wird dies natürlich in einem sexy Outfit oder gar nackt machen. Die Gäste des Abends genießen das Essen, den guten Wein und dürfen sich auch am Koch und der Bedienung »vergreifen«.
Natürlich erkundigt sich der Gastgeber bereits im Vorfeld nach Unverträglichkeiten und Essenswünschen seiner Gäste.
Muss am Essen oder Service etwas bemängelt werden, kann dies auch weiterführende Bestrafungen nach sich ziehen.
Im Mittelpunkt haben aber stets die Gäste zu stehen!

#191 FOTOSEX

Fotokamera

Bei dieser Aufgabe muss die Person ein Foto an den Aufgabensteller senden, auf dem zu sehen ist, wie sie gerade Sex hat. Um dieses Foto zu ermöglichen, muss sie dafür in einen Swingerclub gehen, einen One-Night-Stand machen oder irgendwie jemanden finden, der dazu bereit ist. Natürlich kann man auch ein Zeitlimit dafür festsetzen.
Mögliche Bilder sind

- Ein Foto, bei dem die Person im knien einen Schwanz bläst oder eine Pussy leckt.
- Ein Foto, bei dem sie oben sitzt und den Mann reitet (oder andersrum).

#192 BETTLER

Pappbecher und ein Umhängeschild

Bei dieser Aufgabe muss die Person auf einer Erotikparty betteln gehen. In der Hand trägt sie einen billigen Plastikbecher, mit dem sie dann die Leute auf der Party anspricht. Folgender Text verdeutlicht die Aufgabe:

»Hallo, ich habe kein Geld und ich habe Durst. Mein Herr möchte für mich nicht bezahlen und hat mich daher zum Betteln geschickt. Für einen Euro dürfen Sie mich überall anfassen.«

Alternativ kann man auch ein Schild schreiben und der Person um den Hals hängen.
Die Aufgabe ist erst dann erfüllt, wenn eine bestimmte Summe erbettelt wurde. Alternativ kann man natürlich auch andere Aufgaben stellen, wie zum Beispiel einen Blowjob, Schläge mit der Gerte (je ein Euro) usw.

#193 BETTLER 2

Pappbecher und ein Schild

Diese Aufgabe ist eine Abwandlung von Aufgabe 192. In diesem Fall geht die Person aber nicht aktiv betteln, sondern steht

demütig in einer Ecke. Der Person werden dabei die Augen verbunden. Um ihren Hals hängt eine Schild mit der Aufschrift *»Anfassen 1 €«*. In einer Hand hält sie wieder den Becher, auf dem *»DANKE«* steht, die andere Hand befindet sich auf dem Rücken, damit die Spender alles gut sehen und anfassen können.
Die Aufgabe ist erst dann erfüllt, wenn eine bestimmte Summe erbettelt wurde.

#194 HOMO-KUSS

Fotokamera

Bei dieser Aufgabe muss die Person einen Freund oder Bekannten des gleichen Geschlechts dazu bringen, ihn zu küssen und zudem ein Foto davon machen.
Achtung: Diese Aufgabe kann durchaus heikel sein, wenn der eigene Freundeskreis mit solchen Spielen überfordert ist oder es an Toleranz fehlt.

#195 DER DREIER

Keine

Bei dieser Aufgabe muss die Person eine weitere Person für einen »Flotten Dreier« finden. Ob man das Geschlecht des Dritten festlegt, überlasse ich dem Aufgabensteller. Am vielversprechendsten sind Kontaktanzeigen in Erotikforen, wobei es wesentlich leichter ist, einen Mann als Dritten zu finden, als eine Frau.

#196 PIZZADIENST

Reizwäsche

Bei dieser Aufgabe muss die Person eine Pizza bei einem Pizzadienst bestellen. Der Pizzabote wird dann allerdings in Reizwäsche und High Heels empfangen. Die Person bittet ihn kurz herein und sucht dann erst einmal den Geldbeutel. Der Pizzabote soll ja ausreichend Zeit erhalten, die Kundin zu bewundern.

#197 IM BADESEE

Keine

Bei dieser Aufgabe muss die Person in einen Badesee steigen. Das Wasser muss ihr bis zum Hals reichen. Nun hat sie einen fremden Mann anzusprechen und ihn aufzufordern, sie unter Wasser zu betasten. Natürlich kann diese Aufgabe auch von einem Mann durchgeführt werden, nur ist dann das Risiko, öffentliche Ärgernis zu erregen, deutlich höher.

Risiken: Erregung Öffentlichen Ärgernisses

#198 300 METER

Keine

Für diese Aufgabe benötigt man zwei einsame Waldparkplätze, die etwa dreihundert Meter voneinander entfernt liegen und die mit einem Waldweg verbunden sind. Ein Blick auf die Landkarte der näheren Umgebung ist hier hilfreich.
Zudem benötigt man mindestens noch ein bis zwei Mitspieler. Die beiden Mitspieler parken auf Waldparkplatz A und gehen dann bei einbrechender Dunkelheit etwa die Hälfte des Weges zu Parkplatz B. Dort verstecken sie sich. Die Person wird vom Aufgabensteller zu Waldparkplatz B gebracht. Dort muss sie aussteigen und sich nackt

ausziehen. Ihre Aufgabe ist es nun, nackt bis zum Waldparkplatz A zu laufen. Der Aufgabensteller fährt nun zum Waldparkplatz A und läuft dann der Person entgegen. Mittlerweile wird die Person schon auf die beiden Mitspieler getroffen sein. Diese springen aus ihrem Versteck hervor und fangen die Person ein. Was nun mit der Person gemacht wird (Rapegame, an Baum fesseln, Abtasten, Blowjob usw.) überlasse ich eurer Fantasie. Zur Sicherheit sollten die beiden Mitspieler zumindest einen Mantel für die Person dabeihaben. Nachts ist es nicht immer so einsam im Wald, wie es scheint, und ein Jäger könnte die Situation missverstehen. Alternativ kann man die Person auch um einen Badesee laufen lassen.

Alles weitere beschreibt der ...

Erfahrungsbericht von S.

Manchmal könnte ich mich ohrfeigen, dass ich mich immer auf solche Sachen einlasse.

Warum mache ich das?

Es kann doch nicht nur meine Geilheit nach Abenteuern sein. Da lief doch irgendwas in meiner Jugend schief.

Waren vielleicht die Weichmacher im Kinderspielzeug zu stark?

Oder die ganzen Farbstoffe und Geschmacksverstärker?

Auf jeden Fall stehe ich nun hier nackt im Wald, die Stechmücken umschwirren mich freundlich und ich habe Schiss.

Angefangen hatte es wie immer, auch wenn es dieses Mal keine Mail war.

Ich bekam eine Skype-Nachricht.

»Hast du Zeit und Lust auf ein Spiel.«

»Klar.«

»Gut, am xx.xx.xxxx um 21:30 Uhr kommst du an den Waldparkplatz xxxx. Du stellst dein Auto ganz hinten links ab. Hoffen wir, dass niemand da ist. Ansonsten wartest du, bis du alleine bist und schickst mir eine SMS. Alles weitere wirst du dann sehen. Alles verstanden?«

»Ja, ich werde pünktlich sein.«

Dieser hässliche Skypeton erklang und der Marionettenspieler war im Off.

Donnerstag.

Es war ein recht lauer Abend für diesen bescheidenen Sommer 2011.

»Glück gehabt«, dachte ich bei mir, da mir klar war, dass ich wohl bald nackt sein werde.

Ich hatte noch 10 Minuten Zeit. Ich zündete mir eine Kippe an, um die wachsende Nervosität zu bekämpfen und lies meinen Blick schweifen. Der Waldparkplatz war wie jeder andere auch. Ein paar Baumstämme, die am Verrotten waren, lagen herum, dazwischen jede Menge Müll.

Ein schmaler Weg führte in den Wald hinein.

21:25 Uhr.

Es war nun schon recht düster, aber das Kontrastsehen war ausreichend, um doch noch einiges erkennen zu können. Und auch der Mond kam hinter den Schleierwolken hervor und schenkte mir sein tröstendes Licht.

Ich schnippte die Kippe zu Boden und trat sie sorgfältig aus.

Kurz war ich versucht, sie aufzuheben und in meinen Autoaschenbecher zu werfen. Irgendwie mochte ich es nicht, wenn man die Umwelt verschmutzte.

In diesem Moment fuhr ein Wagen auf den Parkplatz.

Na super ...

Seine Scheinwerfer blendeten mich.

Arschloch.

Gerade jetzt musste einer kommen. Hoffentlich pinkelt er nur kurz und ist dann wieder weg.
Mit laufendem Motor blieb er zwei Meter von mir entfernt stehen.
Das Knarzen einer Handbremse klang bedrohlich.
Ok, junge Frau alleine im Wald und ein Auto hält – gute Idee.
Das Fahrerfenster surrte leise nach unten und eine Hand mit einem Zettel kam hervor.
Automatisch griff ich danach.
»Stell dich vors Auto ins Licht, damit ich dich sehen kann«, zischte eine Stimme und ich gehorchte automatisch.
Ich zitterte vor Aufregung.
Ich hielt den Zettel ins grelle Licht und las ihn.

»Zieh dich jetzt nackt aus. Deine Schuhe darfst du anbehalten.
Deine Kleider legst du in dein Auto und schließt es ab.
Den Schlüssel und diesen Zettel übergibst du dem Überbringer dieser Nachricht. Er wird dir dann weitere Anweisungen geben.
Viel Spaß J
Marionettenspieler«

Ich versuchte, durch das grelle Licht hindurch zu erkennen, wer da in dem Auto saß. Doch der Fahrer blendete das Fernlicht auf, sodass ich jetzt wirklich im Rampenlicht stand.
Na gut, packen wir es an.
Ich hatte zum Glück ein weites Kleid und bequeme Schuhe angezogen. Mit High Heels durch den Wald zu stöckeln und das bei Dunkelheit wäre gar nicht lustig.
Ich drehte mich mit dem Rücken zum Auto.
Etwas Privatsphäre musste eben sein.
Das Kleid zog ich einfach über den Kopf.

Einen BH trug ich eh fast nie.

Auch aus dem Slip konnte ich rasch herausschlüpfen.

So stand ich schon nach wenigen Sekunden nackt vor dem Fremden.

Angestrahlt und ausgeleuchtet und hoffentlich für gut befunden.

Na bravo, Serena, hast du ja mal wieder gut hingekriegt.

»Dreh dich um, Beine breit, Hände in den Nacken«, erklang eine sonore Stimme.

Ich gehorchte.

Dann geschah erst einmal nichts.

Außer dass ich im Scheinwerferlicht die ersten Stechmücken schwirren sah.

Blutrünstige Monster.

Minivampire, die sich in Stellung brachten, mich anzufallen.

Der Mann hatte wohl genug gesehen.

»Gut, leg deine Kleider nun ins Auto, schließ es ab und wirf den Schlüssel durch mein Rückfenster. Es steht einen Spalt offen.«

Es surrte – offensichtlich hatte er den elektrischen Fensterheber betätigt.

Ich nahm meine Klamotten auf, öffnete den Kofferraum und warf sie hinein. Ein Druck auf meinen Autoschlüssel und die Türschlösser meines Autos schlossen automatisch.

Mit einer Hand im Schritt näherte ich mich dem Fahrzeug.

Irgendwie schämte ich mich doch ein wenig. Obwohl es wohl mehr eine Schutzreaktion war, quasi ein kleiner Rest Anstand, den mir meine Mami beigebracht hatte.

Beide Fenster auf der Fahrerseite waren einen Spalt weit geöffnet.

Ich warf meinen Autoschlüssel hinten hinein und blieb dann unschlüssig stehen.

Ich konnte nur hoffen, dass der Typ jetzt nicht einfach davonfuhr und mich hier bis zum Sanktnimmerleinstag stehen lassen würde.

Bis zum nächsten Ort waren es drei Kilometer und eine nackte Frau, die wahllos an Haustüren klingelte, war sicherlich interessant für die Dorfjugend.
Doch meine fatalistischen Überlegungen wurden unterbrochen.
»So, es gibt für dich nur eine Möglichkeit, wieder an deine Kleider zu kommen. Dieser Weg vor dir führt zu einem zweiten Waldparkplatz. Dort werde ich auf dich warten. Es sind nur 300 Meter. Bis gleich.«
Das Fenster surrte hoch, ein Gang wurde eingelegt und das Auto fuhr einfach weg.
Ja, und nun stehe ich hier und diene als Moskitotankstelle.
In den Büschen raschelt es, die Dunkelheit nimmt weiter zu und so richtig warm ist es auch nicht mehr.
Also, dann mache ich mich mal auf den Weg ...
So langsam gewöhnten sich meine, von den Scheinwerfern geblendeten, Augen an die Dunkelheit.
Der Waldweg lag vor mir. Links und rechts türmten sich dunkle Waldriesen auf, die oben fast zusammenwuchsen und den Weg quasi zu einem engen Tunnel machten.
Ich erschlug eine allzu vorwitzige und lebensmüde Mücke, die sich frech auf meine linke Brust gesetzt hatte, um dann ihren Stachel in mein zartes Fleisch zu rammen.
Ich war überrascht, dass ich sie sogar traf.
Es schien, als ob sie da schon ein Weilchen gesaugt hatte, denn ich konnte schemenhaft einen kleinen roten, verschmierten Fleck erkennen.
Ekel stieg auf und ich wischte angewidert den Mückengelee mit der Hand weg.
Dann lief ich langsam los.
In der Ferne blitzen bereits nach wenigen Metern die Scheinwerfer

eines Autos durch die Bäume. Zumindest das war etwas tröstlich, da sich dort meine Kleider befanden.
Meine vorsichtigen Schritte hatten mich bereits zirka 50 Meter in den Wald geführt, als es rechts von mir laut knackte.
Erschrocken zuckte ich zusammen und blieb stehen.
Stille.
Ich lief weiter, aber meine Sinne waren nun auf das Äußerste angespannt.
Links ein Rascheln.
Vogelschreie.
Rechts ein weiteres Knacken.
Ich lief schneller.
Meine Fantasie spielte mir einen Streich.
Waren es die Marionettenspieler?
Warum muss ich auch immer Horrorromane lesen?
Und »Blair Witch Project« anzuschauen, war gestern auch keine gute Idee.
Mein Herz schlug mir bis zum Hals und ich war kurz versucht zu rennen.
Jetzt hörte ich ganz deutlich Schritte.
Laub raschelte rechts von mir und ich drehte mich um.
»Ist da wer?«
Im gleichen Moment wurde ich von hinten gepackt. Kräftige Arme umfassten meinen Oberkörper.
Von vorne näherte sich ebenfalls ein dunkler Schatten und packte meine Beine.
Dann lag ich im Laub. Ein schwerer Körper kniete auf meinem Oberkörper, während der andere Schatten meine Beine auseinanderzwang und sich auf mich schob.
Kopfkino pur.

Ich gab mich hin.
Spürte, wie er eindrang.
Sein Atem an meinem Hals.
Meine Arme fest auf den Boden gepresst.
Stöße.
Keuchen.
Über mir der Mond.
Die Geräusche der Nacht verstummt.
Gevögelt.
Erregungsdurchschwemmt.
Durchgefickt.
Ich schlang meine nackten Beine um ihn.
Rhythmus.
Ausfließen.
Er kam keuchend ... und zog sich zurück.
Ich war bereit, den zweiten Schatten aufzunehmen.
Erregung pur.
Hautzittern.
Doch es geschah nicht.
Eine Taschenlampe blitzte auf und blendete mich.
Für einige Sekunden war ich quasi blind.
Ich hörte nur noch, wie sich die Schatten entfernten ...
Nach einigen Sekunden rappelte ich mich mühsam auf.
Ich war alleine.
Nur das Schweinwerferlicht am Ende des Weges lockte mich.
Wie Motten das Licht.
Ich wischte mir die Blätter und Äste vom Körper.
Mein Rücken juckte etwas und sicherlich würde ich morgen bei Licht einige Kratzspuren finden.
Selbst in meinen Haaren hatte sich so allerlei Waldzeugs verheddert.

Einen kleinen Ast konnte ich nur unter Schmerzen aus meinem Haar entfernen.
Total verheddert.
Danke Marionettenspieler.
Ich ging die letzten Meter zum Auto.
Die hintere Tür stand bereits offen und ich stieg wortlos ein.
Das Autoradio übertrug ein Fußballspiel.
Auch eine Methode, die Wartezeit rumzubringen, während seine Kumpels mich vögelten.
Der Fahrer fuhr los, ohne sich umzudrehen.
Schweigend.
Es dauerte keine Minute und der Wagen hielt vor meinem Auto an.
Eine Hand reichte mir meinen Autoschlüssel nach hinten.
Ich stieg aus, ohne mich zu verabschieden.
Auch er sprach kein Wort und fuhr los, sobald ich die Fahrzeugtür geschlossen hatte.
Ich holte meine Kleider aus dem Kofferraum, zog sie an und setzte mich ins Auto.
Ein prüfender Blick in den Spiegel zeigte mir das ganze Ausmaß.
»Spiel nicht mit den Schmuddelkindern, sing nicht ihre Lieder«, dachte ich bei mir, als ich mein dreckiges Gesicht sah.
Ein kleines Blatt hatte sich keck in meinen Haaren verfilzt und ich nahm es als kleine Trophäe mit nach Hause.

Risiken: Erregung Öffentlichen Ärgernisses

#199 PARKPLATZSPIEL

Keine

Bei dieser Aufgabe muss die Person in den Abendstunden einen Fremden treffen.
Dafür benötigt man einen einsamen Waldparkplatz. Alles Weitere entnehmt ihr bitte dem ...

Erfahrungsbericht von Z.

Ein einsamer Waldparkplatz.
Es ist dunkel und ruhig.
Nur ein paar Waldgeräusche sind zu hören.
Auf dem Parkplatz erwartet dich ein Auto mit abgedunkeltem Licht. Das Auto steht mit den Frontlichtern zu dir ... schaut dich an.
Du parkst direkt davor.
Zwischen den beiden Kühlerhauben ist ein Abstand von drei Metern.
In der Dunkelheit erkennst du zwei schemenhafte Gesichter im anderen Wagen.
Du kennst sie nicht, aber sie haben sich hier mit dir verabredet.
Die Beifahrertür öffnet sich und eine Frau steigt aus.
Sie stellt sich zwischen die beiden Autos, legt eine Augenbinde um und lässt ihren Mantel fallen.
Sie ist nackt.
Sie steht mit gespreizten Beinen im Scheinwerferlicht deines Autos.
Ihr Atem geht rasch und ihre Brüste bewegen sich im Rhythmus ihrer Atmung.

Ihre Nippel sind erigiert.
Ihre Hände sind im Nacken verschränkt.
Verfügbar.
Präsentiert.
Du betrachtest ihren schönen Körper, ihre Schenkel, ihre Scham.
Gleich wirst du aussteigen.
Diese Frau steht für dich zur Verfügung ...
Du wirst sie berühren.
Zwingen, dich zu befriedigen.
Dann wirst du gehen.
Ohne ein Wort mit ihr gesprochen zu haben.

Diese Fantasie habe ich aus der Sicht eines Fremden erzählt. Diesen benötigt ihr, um die kleine Fantasie umzusetzen.

Risiken: Erregung Öffentlichen Ärgernisses

200 DIE SCHLAMPEN-VISITENKARTE

0-99

Eine Visitenkarte

Bei dieser Aufgabe muss die Person einen Zettel mit dem folgenden (beispielhaften) Text ausdrucken:

Wenn du innerhalb der nächsten 10 Minuten hinter den Brunnen am Marktplatz kommst, werde ich dir einen blasen und du darfst mich anfassen. Ich trage keine Unterwäsche ...

Diese Karte muss die Person in der Öffentlichkeit (am besten in einer Bar) einem Fremden übergeben. Danach entfernt sich die Person sofort, begibt sich zur angegebenen Stelle und wartet ab, was beziehungsweise ob eine Reaktion erfolgt. Bitte diese Aufgabe nur in einer fremden Stadt und nicht in der Stammkneipe durchführen. Wählt den Treffpunkt so, dass ihr ungestört seid und sich der Aufgabensteller in der Nähe verstecken kann.

201 PARTYZETTEL

Zettel und Stift

Bei dieser Aufgabe muss die Person im Rahmen einer Party einen bestimmten Zettel an eine fremde Person übergeben.
Auf dem Zettel steht zum Beispiel:

- Ich möchte Sie bitten, mich zu züchtigen.
- Darf ich Sie mit dem Mund befriedigen?
- Bitte ficken Sie mich!
- Bitte erkunden Sie meinen Körper mit Ihren Händen!

usw.

Die Person, die diesen Zettel erhält, kann entweder vom Aufgabensteller bestimmt werden, oder die Person sucht sich selbst eine Person aus.
Ob der Aufgabensteller den Zettel selbst aussucht, oder ob die Person den Zettel aus einer Vielzahl von möglichen Zetteln zieht, ist ein weiteres Detail dieser Aufgabe.

#202 AUFBLASBARE GUMMIPUPPE

Gummipuppe

Bei dieser Aufgabe muss man sich in einem Sexshop eine aufblasbare Gummipuppe besorgen. Die Aufgabe besteht nun darin, vor dem Aufgabensteller und seinen Gästen diese Gummipuppe zu »vögeln«. Anfeuerungen sind natürlich zugelassen. Ob die Person es schaffen wird?

#203 HURE SPIELEN

Keine

Bei dieser Aufgabe wird die Person für einen Abend zur Hure gemacht. »Kunden« findet ihr in entsprechenden Foren. Ist die Person ein Mann, kann man auch eine Kontaktanzeige in einem Forum für Homosexuelle einstellen. Es ist abzuraten, sich einfach zu anderen Huren zu stellen. Da bekommt man rasch Ärger mit Zuhältern oder der Konkurrenz.

Es empfiehlt sich auch hier, das »Was« im Vorfeld mit dem Kunden abzuklären. Es gibt auch Kunden, die es akzeptieren, wenn der Aufgabensteller dabei ist, zum Beispiel im Rahmen einer Vorführung.

Achtet darauf, dass ihr die Kontaktanzeige als einmaliges Rollenspiel bezeichnet. Die Steuerfahndung durchforstet auch ab und an Anzeigen im Internet nach Prostituierten, die ihre Steuern nicht zahlen.

Risiken: Milieu-relevante Risiken

#204 SCHWULEN ODER LESBENBAR

Keine

Bei dieser Aufgabe wird die Person in eine Schwulen- oder Lesbenbar geschickt, um sich dort anmachen zu lassen. Der Aufgabensteller kann sich dann einen Bericht schreiben lassen oder als stiller Voyeur ebenfalls anwesend sein. Idealerweise sollte es auch zu kleineren erotischen Handlungen kommen, wie zum Beispiel heftiges Rumknutschen oder etwas Petting.

#205 BI-BLINDDATE

Keine

Sollte die Person auch Interesse am gleichen Geschlecht besitzen, kann man ihr folgende Aufgabe stellen: Sie hat zu einer bestimmten Uhrzeit an einem bestimmten Ort zu sein. Dort wird eine

Person gleichen Geschlechts sie ansprechen und zum Beispiel folgenden Brief übergeben.

»Hallo,
die Überbringerin dieses Briefes hat von mir die Anweisung erhalten, dich zu verführen.
Sie soll mir davon auch Fotos machen bzw. ihr könnt euch dabei gegenseitig oder mit Selbstauslöser fotografieren.
Es gibt für dich nun zwei Möglichkeiten:
1) Ihr geht jetzt einen Kaffee trinken und beschnuppert euch.
Oder, was mir lieber wäre,
2) Du bittest sie darum, mit ihr zärtlich sein zu dürfen. Dann wird sie die Initiative ergreifen und den Rest des Abends gestalten.
Solltest du zuerst 1) wählen, möchte ich dir noch mal in Erinnerung rufen, dass es mein Wunsch ist, dass du mit ihr intim wirst. Du gewinnst also lediglich etwas Zeit ...

Ich wünsche dir viel Spaß.«

Der Rest ergibt sich aus dem Brief. Für diese Aufgabe muss man im Vorfeld etwas Zeit investieren, um einen Mitspieler zu finden. Hierfür eignen sich ebenfalls entsprechende Erotikforen.

206 MASTURBATIONSSHOW

0-99

Keine

Bei dieser Aufgabe wird etwas sehr intimes in die Öffentlichkeit gezogen – die Selbstbefriedigung.

Die Aufgabe besteht also darin, dass sich die Person vor anderen (Fremden) selbst befriedigen muss. Entweder von Hand oder durch den Einsatz von entsprechenden Toys wie Dildos, Vibratoren usw. Diese Aufgabe kann real durchgeführt, aber auch in ein Skype-Spiel integriert werden (siehe # 58). Auch hier wird man eine Kontaktanzeige bemühen müssen.

207 INTIMRASUR

Rasierer

Heutzutage ist es üblich, im Intimbereich rasiert zu sein.
Man verlangt in diesem Falle von der Person, dass sie jemanden mit der Rasur beauftragt. Hat sie niemanden in ihrem Bekanntenkreis, kann sie ja eine Kontaktanzeige in einer Erotik-Community veröffentlichen:

»Suche Mann/Frau, die mir meine Scham rasiert und danach ein Beweisfoto per SMS an meinen Freund schickt.«

#208 EROTISCHER SPIELEABEND

Erotikspiele

Bei dieser Aufgabe muss die Person (geeignete) Freunde zu einem erotischen Spieleabend einladen. Für die Gestaltung des Abends gibt es spezielle Spiele, die man in Sexshops kaufen kann.
Ihr müsst allerdings damit rechnen, dass nicht jeder Freund von der Einladung begeistert sein wird. Es ist aber sicherlich spannend herauszufinden, wer sich auf einen solchen Abend einlässt.

Risiken: Verwunderte Freunde

#209 ZOOHANDEL

Keine

Diese Aufgabe sollte man am besten nicht am Wohnort durchführen. Ihr bringt die Person in eine Tierhandlung und stellt ihr verschiedene Fressnäpfe auf den Boden. Die Person muss nun quasi »Probeessen« und den für sie geeignetsten aussuchen. Natürlich macht sie dies auf allen vieren mitten in der Zoohandlung. Besucht dafür bitte nicht die Zoohandlung um die Ecke ...

Risiken: Erregung Öffentlichen Ärgernisses

#210 GUTSCHEIN FÜR EIN PORNOFOTO

Keine

Bei dieser Aufgabe übergibt die Person einem Fremden (z.B. in einer Bar) einen Zettel mit folgendem Text:

Gutschein für ein Pornofoto deiner Wahl
Sende mir an folgende E-Mail-Adresse eine Mail mit dem Stichwort »Pornofoto«. Ich werde dir dann im Gegenzug ein Nacktfoto von mir zurücksenden. Solltest du einen speziellen Wunsch haben, so vermerke ihn in deiner Mail. Meine Mail-Adresse lautet: xyz@mustermail.de.

Verwendet hierfür aber eine temporäre E-Mail-Adresse und keine mit Realnamen. Diese E-Mail-Adresse kann man sich leicht bei entsprechenden Servicedienstleistern einrichten.

#211 PARTNERTAUSCH

Keine

Bei dieser Aufgabe muss die Person für den Aufgabensteller ein anderes Paar für einen Partnertausch suchen. Bei der Wahl ist darauf zu achten, dass der Tauschpartner für den Aufgabensteller perfekt ist, der Tauschpartner für die Person aber eher nicht.

#212 ZUNGENSPIEL

Keine

Bei dieser Aufgabe muss die Person mit verbundenen Augen eine andere Person ertasten. Sie darf beim Ertasten aber nur ihre Zunge verwenden.
Die Person bekommt dabei eine Reihenfolge vorgegeben, an die sie sich halten muss.

- Hand
- Brustwarze
- Kniekehlen
- Bauchnabel
- Glied, Hoden/ Vagina
- Füße
- Achseln
- Poloch

Sie darf allerdings nur einmal raten, wer diese Person ist. Liegt die Person falsch, wird eine Strafe vollzogen und das Spiel beginnt von vorne.

#213 SCHLÜSSELDIENST

Keine

Bei dieser Aufgabe muss die Person in ihrem offenherzigsten Outfit einen Schlüsseldienst aufsuchen und sich einen Anhänger mit der Aufschrift »Schlampe« gravieren lassen.
Angebracht sind die höchsten Heels, der kürzeste Rock, das auffälligste Make-up und eine durchsichtige Bluse.

#214 NACKTPUTZEN

0-99 3

Keine

Bei dieser Aufgabe muss die Person eine Kontaktanzeige als Nacktputzer(in) aufgeben und dann natürlich auch nackt beziehungsweise in Reizwäsche putzen gehen. Natürlich wird vorher ein Stundenlohn festgelegt. Es ist aus Sicherheitsgründen das Beste, wenn der Aufgabensteller die Person dabei begleitet.

#215 IN KARTON EINSPERREN

Großer Karton

Für diese Aufgabe benötigt man einen großen und stabilen Karton, den man lichtdicht verschließen kann. Man bekommt sie in den Papiercontainern von Möbelgeschäften, Firmen usw.
Der Karton wird nun mit einem Gewebeband an den Kanten und Ecken gut verstärkt. Nun schneidet man an verschiedenen Stellen faustgroße Löcher in den Karton, die man dann aber wieder mit kleinen aufgeklebten Tüchern verhängt, damit kein Licht hindurchfällt.
Die Person wird nun nackt in den Karton gesperrt. Die Hände der Person sind auf dem Rücken gefesselt.
Nun kommen die Mitspieler zum Einsatz. Durch die Löcher können diese hindurchgreifen und die Person abtasten und erregen. Bleibt aber unbedingt in der Nähe. Es wird rasch warm innerhalb des Kartons und durch die Enge kann rasch der Kreislauf schlappmachen.

Erfahrungsbericht von S.

»So richtig wusste ich nicht, was ich in diesem Karton sollte, außer dass es langsam warm und unbequem wurde.
Gedämpfte Geräusche drangen an mein Ohr.
Einmal meinte ich, eine Türklingel zu hören.
Vielleicht der Postbote mit meinen neuen Schuhen?
Ich hatte keine Zeit, lange darüber nachzudenken, denn irgendetwas machte sich am Karton zu schaffen.

Etwas Licht viel herein und durch eines der Löcher schob sich eine Hand, die mich frech zwischen den Beinen berührte.
Irgendwie schien der Karton plötzlich zu leben.
Eine weitere Hand drang in meinen kleinen Lebensraum ein und berührte meinen Rücken.
Dann eine auf meiner Brust.
Das waren nun drei Hände.
Mein Herr schien nicht alleine zu sein.
Eine vierte Hand zog an meinem linken Nippel und ich schrie erschrocken auf.
Die Hand auf meiner Scham drang mit einem Finger in meine feuchte Spalte ein.
Ich roch meine Geilheit in dieser Enge.
Eine weitere Hand penetrierte meinen Mund mit seinem Daumen.
Ich begann ihn zu lecken.
Stöhnte.
Spürte die Feuchtigkeit zwischen meinen Beinen.
Lust schwemmte hoch und ich hoffte, dass es nie ein Ende nehmen würde ...«

Risiken: Kreislaufprobleme

#216 SPERMAREISE

Keine

Bei dieser Aufgabe muss die Person den Aufgabensteller mit dem Mund befriedigen und das Sperma dann im Mund behalten. Nun muss die Person das Sperma dem ersten Mitspieler mittels eines Zungenkusses in den Mund platzieren. Dieser macht das gleiche dann mit dem zweiten Mitspieler und so weiter. Natürlich kann man das Sperma auch immer wieder im Kreis rotieren lassen.
Das Sperma darf weder geschluckt noch ausgespuckt werden.

Risiken: Keine

#217 ANONYMER GANGBANG

Kondome

Bei dieser Aufgabe werden die Handgelenke der Person an das Kopfende eines Bettes befestigt. Ihre Augen werden verbunden. Nun lädt man sich eine Anzahl Männer ein, die die Person dann »benutzen« dürfen. Immer einer nach dem anderen. Die Reihenfolge kann man dabei auswürfeln.

Das ganze sollte dabei sehr »steril« ablaufen. Die Männer kommen, befriedigen sich wortlos und gehen wieder. Die Person sollte auch im Nachgang nicht erfahren, wer diese Männer waren.

#218 EXHIBITIONIST

Keine

Diese Aufgabe ist eher für Frauen geeignet. Bei Männern wird dann doch schnell die Polizei gerufen ...
Bei dieser Aufgabe muss die Person nur mit einem Mantel bekleidet nachts (dann sind keine Kinder unterwegs) an einer viel befahrenen Straße entlanglaufen. Am geeignetsten sind dabei die Hauptstraßen in der Stadt, auf denen die Autos nur schlecht anhalten oder umdrehen können.
Jedes Mal, wenn ein mit Männern besetztes Auto vorbeifährt, öffnet sie kurz den Mantel und zeigt sich den Autofahrern. Das ganze sollte man aber nach ein paar Minuten beenden und sich vorsichtshalber entfernen.

Risiken: Erregung Öffentlichen Ärgernisses

#219 KAUFBERATUNG

Keine

Bei dieser Aufgabe muss sich die Person einen Fremden suchen, der ihr bei einem Einkaufsbummel behilflich ist. Einen Fremden findet man auf der Straße oder im Internet.
Nun muss die Person sexy Kleider, Unterwäsche bzw. Reizwäsche anprobieren. Der Fremde, der den Ehemann spielt, darf sie dabei beraten, ihr beim Umziehen zuschauen, Rückenreißverschlüsse bedienen oder die Reizwäsche auswählen, die die Person vorführen soll. Dabei muss die Person sich immer wieder nackt dem Fremden zeigen.

Risiken: Eventuell Erregung Öffentlichen Ärgernisses

#220 DAS CODEWORT

Keine

Bei dieser Aufgabe wird der Person folgendes mitgeteilt:

»Ich gebe dir nun ein Codewort.
Das Codewort lautet »Agamemnon«.
Sollte dich in den nächsten Wochen irgendjemand mit diesem Passwort

ansprechen, wirst du ihm/ihr widerspruchslos und augenblicklich folgen und allen Anweisungen gehorchen.«

Nun wird das Kopfkino der Person anfangen zu laufen.
Wer wird mich ansprechen?
Was wird er von mir verlangen?
Wann wird das sein?
Es entsteht eine Mischung aus Geilheit und Angst.
Es ist nun wichtig, dass man mindestens 1–2 Wochen verstreichen lässt, bevor das eigentliche Spiel beginnt. Am Anfang wird die Person ständig damit rechnen, dass es passiert. Bei jedem Kneipenbesuch, beim Einkaufen – immer rechnet sie damit, angesprochen zu werden. Sie wird die Leute im Umfeld beobachten und versuchen einzuschätzen.
Könnte er es sein?
Und irgendwann ist es so weit.
Ein Barbesuch.
Der Aufgabensteller geht kurz auf die Toilette und plötzlich steht ein Fremder vor der Person.
»Agamemnon.«
Der Aufgabensteller ist weg und die Person ist alleine.
Zögern.
Wird sie sofort gehorchen?
Spätestens wenn der Aufgabensteller zurückkommt muss sie es tun.
Der Fremde nimmt die Person mit.
Vielleicht in ein Hotel.
Vielleicht zu sich nach Hause.
Der Aufgabensteller folgt den beiden oder wartet auf die Rückkehr der Person. Dies ist abhängig vom Verhältnis des Aufgabenstellers zu dem Fremden (der wurde natürlich vorher gecastet).

#221 SCHLUCK WASSER

Keine

Bei dieser Aufgabe muss die Person Wasser oder ein Getränk in den Mund nehmen. Nun wird die Person gekitzelt, erhält Schläge, Wachstropfen, Klammern, wird gefickt und so weiter.
Die Aufgabe der Person besteht darin, dass sie das Wasser unter keinen Umständen ausspucken oder verschlucken darf. Natürlich kann man das auch mit Sperma oder Urin spielen.

#222 LEBENDIGES BUFFET

Tisch, Lebensmittel

Bei dieser Aufgabe wird die Person nackt oder in Unterwäsche auf einen Tisch gelegt und fixiert. Danach wird sie akkurat mit Lebensmitteln belegt und dient den Gästen als Buffet. Die Teilnehmer haben das Recht, sich am Buffet frei zu bedienen, die Person zu füttern, aber auch gegebenenfalls sexuelle Handlungen an ihr zu verrichten. Idealerweise legt man eine Decke oder eine Iso-Matte unter und hebt den Kopf mit einem Kissen an, da die Person ansonsten rasch Kreislaufprobleme oder Schmerzen durch das unbequeme Liegen bekommt. Besonders geeignet als Buffet sind dabei Obst, Schokolade beziehungsweise Pralinen oder Sushi.

NACHSCHLAG

223 SCHLOTZEN

Keine

Bei dieser Aufgabe muss die Person nach dem Geschlechtsakt mit ihren Fingern Sperma aus der Pussy der Frau holen und genüsslich ablecken. In diesem Fall kann es die Frau selbst sein die diese Aufgabe erfüllen muss, oder der Mann, der die Frau besamt hat muss es selbst machen.

Risiken: Keine

224 AKTFOTO

EGAL

Fotokamera

Schicke dem Aufgabensteller jeden Tag ein Aktfoto, dass immer mehr von Dir zeigt. Das erste zeigt Dich leicht bekleidet, das zweite nur noch mit Slip, das dritte nackt aber noch verdeckt, das vierte zeigt nun etwas mehr, das fünfte ist dann völlig ungeschützt, das sechste präsentiert schließlich deine ganze Pracht ... für das letzte Bild, darf sich der Aufgabensteller etwas wünschen.

Risiken: Keine

#225 MASSAGE

Öle

Nun mal eine ganz leichte Aufgabe. Die Person wird zuerst ausgiebig mit reichlich Massageöl massiert. Dabei verweilt man immer wieder an seinem besten Stück. Die Person muss dabei immer ihren Erregungszustand durchsagen. Sie beginnt bei 3 = leichte Erregung und würde bei Null angekommen seinen Orgasmus bekommen. Natürlich hört man immer wieder bei 1 auf und kümmert sich dann um die weniger erogenen Zonen. Dieses Spiel kann man so lange treiben, bis die Person gar keinen Orgasmus mehr bekommen kann, oder gewährt ihm irgendwann die Erlösung. Die Person kann dabei zum Beispiel mit Händen und Füßen an das Bett gefesselt sein, so dass sie sich nicht wehren kann. Natürlich kann man die Person auch ab und an in Reiterstellung besteigen und weiter erregen.

Risiken: Keine

#226 EINGIESSEN

Piccolo Flasche, Gleitgel

Bei dieser Aufgabe muss sich die Person eine kleine Flasche vaginal oder anal einführen und dann ohne Zuhilfenahme der Hände ein Glas einschenken. Die Flasche darf dabei nicht herausrutschen.

Risiken: Keine wenn man vorsichtig ist

227 KLAMMERKOPF

Wäscheklammern

Bei dieser Aufgabe muss sich die Person möglichst viele Klammern am Kopf befestigen. Besonders geeignet sind Ohren, Lippen, Nase und die Haut unter dem Kinn.
Zusätzlich kann man festlegen, wie lange die Klammern dann am Gesicht verbleiben sollen.

Risiken: Keine wenn man vorsichtig ist

228 BRENNNESSELN DIE X.TE

Brennnesseln und Wäscheklammern/ Klebeband

Bei dieser Aufgabe muss sich die Person Brennnesseln mit Wäscheklammern oder Klebeband am Körper befestigen. Zum Beispiel kann man mehrere Brennnesseln mit einem Klebeband als

eine Art Rock um die Hüfte herum befestigen, oder man befestigt die Nesseln am Oberschenkel, so dass sie beim Gehen zwischen den Beinen hindurchstreichen. Alternativ steckt am die Blätter einfach in den Slip.
Die Person muss sich nun bewegen, Sport treiben oder einfach umherlaufen.

Risiken: Bitte darauf achten, dass es Menschen gibt die allergisch auf Brennnesseln reagieren

229 SCHAMHAARE ABFACKELN

Feuerzeug

Der Titel der Aufgabe ist schon recht eindeutig. Mit Hilfe eines Feuerzeugs werden die Schamhaare der Person abgeflammt. Meistens brennen die Haare gar nicht richtig sondern schrumpeln durch die Hitze einfach etwas zusammen. Der Schreckeffekt ist aber enorm, vor allen Dingen, wenn die Person vorher nicht weiß, was passieren wird. Testet es ggfs. vorher an euch selbst, damit ihr die Wirkung einschätzen könnt.

Risiken: Normalerweise erlöschen die Flammen innerhalb eines Bruchteils einer Sekunde nachdem man das Feuerzeug ausgemacht hat. Bitte legt trotzdem einen feuchten Lappen bereit um notfalls die Flammen ersticken zu können.

#230 SPERMA-NACHT

Keine

Bei dieser Aufgabe wird eine schöne Ladung Sperma auf das Kopfkissen der Person gespritzt. Die Person muss nun die Nacht mit diesem Kopfkissen verbringen und sie wird permanent den Geruch in der Nase habe.

Risiken: Keine

#231 NS-NACHT

Keine

Diese Aufgabe ist eine Variation der vorhergehenden. Bei dieser Aufgabe wird statt des Spermas etwas Urin (ca ein halbes Glas) auf das Kopfkissen der Person gespritzt. Die Person muss nun die Nacht mit diesem Kopfkissen verbringen und sie wird permanent den Geruch in der Nase habe.

Risiken: Keine

232 DAS FERNGLAS

Fernglas

Eine Frau spaziert in einem kurzen Kleid durch die Stadt oder den Park. Der Aufgabensteller verfolgt sie in einem Abstand mit einem Fernglas. An verschiedenen Stellen (vielleicht etwas verdeckt oder versteckt) hebt sie ihren Rock oder entblößt kurz eine Brust. Sie sitzt auf einer Bank und spreizt langsam ihre Beine ... Der Voyeur mit dem Fernglas ist immer dabei.
Bitte achtet dabei darauf, niemand unbeteiligten und vor allen Dingen keine Kinder mit diesem Spiel zu stören.

Risiken: Keine

233 DAS FERNGLAS DIE ZWEITE

Fernglas

Diese Aufgabe entspricht der letzten, doch nun ist es ein Fremder der die Person beobachtet. Es wird sicherlich genügend Menschen geben die auf eine entsprechende Kontaktanzeige antworten.

Risiken: Keine

234 DER ÖFFENTLICHE PERSONENNAHVERKEHR

Keine

Eine U-Bahn kann auch herrlich genützt werden um sich einen kleinen Kick zu verschaffen. Entweder seid ihr als Paar unterwegs, oder Du verabredest Dich mit einem Fremden. Was soll passieren? Ganz einfach, der Auserwählte darf Dich in der U-Bahn schamlos berühren. Ein heimlicher Griff an den Po oder unter den Rock ...
Solltest Du einen Fremden einbinden müsst ihr unbedingt ein eindeutiges Erkennungszeichen vereinbaren und Euch ein bestimmtes Abteil aussuchen.

Risiken: Keine

235 ÖFFENTLICHE FERNSTEUERUNG

vernsteuerbarer Dildo (übers Smartphone), App

Ein Spiel der Anonymität: Die Person trägt einen fernsteuerbaren Dildo oder Plug (z.B. Lovesense). Dieser kann durch ein Smartphone und eine App gesteuert werden.
Ein Fremder kennt nur den Treffpunkt (Ein Restaurant, eine Einkaufspassage) und einen Zeitpunkt. Am Ort angekommen, wird

die vorinstallierte App den Plug finden und der Fremde kann nun die Vibration fernsteuern. Der Fremde weiß allerdings nicht, wer diesen Plug trägt ... oder wird er es an den Reaktionen herausfinden?

Risiken: Keine

236 PEELING

Salz und Nassrasierer

Bei dieser Aufgabe muss sich die Person ihre Schamhaare mindestens einen halben Zentimeter wachsen lassen. Nun werden die Harre mir einem trockenen Rasierer entgegen der Wuchsrichtung der Haare abrasiert. Danach erfolgt ein Peeling mit angefeuchtetem Salz und Alkohol/Parfum.

Risiken: Keine

237 ÖFFENTLICHE ERNIEDRIGUNG

Auffällige Damenhandtasche

Mag der Mann noch so männlich wirken, bei einem ausgiebigen Innenstadtspaziergang mit einer auffälligen Damenhandtasche wird davon nichts mehr übrig bleiben ... am besten macht ihr das in einer fremden Stadt...

Risiken: Keine

#238 ACHSEL

Keine

Bei dieser Aufgabe muss die Person sich frisches Sperma unter die Achselhöhle schmieren und dann mindestens zwei Stunden herumlaufen. Das Gefühl ist ekelig und man bekommt das Gefühl, dass es jeder riechen würde. Besonders gemein ist es, dies in der Öffentlichkeit zu machen- im Aufzug, in einer Warteschlange- also überall dort, wo es viele Menschen auf engsten Raum gibt.

Risiken: Keine

#239 PUPSEN

Keine

Jetzt wird es richtig gemein. Die Person muss in einem gefüllten Aufzug pupsen- und zwar vernehmlich laut. Zur Vorbereitung wäre es gut, ein paar Stunden vorher Hülsenfrüchte oder andere Lebensmittel zu verzehren die Flatulenzen verursachen.

Risiken: Keine

#240 SPERMA IM SLIP

Keine

Es geht noch ekeliger ... Bei der nächsten Aufgabe muss die Person einen ganzen Arbeitstag lang mit Sperma im Slip herumlaufen. Das Sperma kann vom Aufgabensteller oder von der Person selbst kommen.

Risiken: Keine

#241 DER FEUCHTE SCHUH

Keine

Und noch eine Variation dieser Aufgabe. Nun befindet sich das Sperma im Schuh und die Person muss den ganzen Tag damit herumlaufen. Alternativ kann man dafür auch etwas Urin nehmen.

Risiken: Keine

#242 SCHMERZENDE HARNRÖHRE

Zahnzwischenraumreiniger

Bei dieser Aufgabe wir ein Pfeifenputzer oder ein Zahnzwischenraum-Putzer in die Harnröhre des Mannes eingeführt. Seid dabei unbedingt vorsichtig, da es rasch zu kleinen Verletzungen kommen kann.

Risiken: Kleine Verletzungen, Harnröhrenentzündung

#243 ELEKTRO-ZAHNBÜRSTE

Elektro-Zahnbürste

Nun wird es vibrierend. Besorgt Euch eine elektrische Zahnbürste. Idealerweise eine rotierende und keine mit Ultraschall. Nun wird die Person fixiert (oder muss es sich ggfls. selbst machen) und genüsslich an den intimen Stellen erregt. Ob die Person so zum Orgasmus zu bringen ist?

Risiken: Keine

244 FINGER IN PO

Keine

Bei dieser Aufgabe muss sich die Person selbst einen Finger in den Po stecken und dann ablecken (Virtuelle Variante). Kontrolliert wird dies durch eine Webcam, oder durch die Anwesenheit des Aufgabenstellers. Alternativ (Reale Variante) muss die Person den Finger des Aufgabensteller ablecken, egal in welchem Po er sich davor befunden hat.

Risiken: Keine

245 ASPHALTKUSS

Kreide

Bei dieser Aufgabe die Person den Namen des Aufgabenstellers mit Kreide auf den Asphalt schreiben und dann küssen und ablecken.

Risiken: Keine

#246 SCHLAMMKUSS

Keine

Diese Aufgabe ist eine Variante von 25. Bei einem Strandspaziergang zieht der Aufgabensteller eine Fußspur durch den feuchten Sand. Die Person muss hinter ihm her kriechen und jeden einzelnen Fußabdruck küssen.

Risiken: Keine

#247 SALBEI

Salbei Bonbons

Ein Bonbon hilft ja bekanntlich gegen einen trockenen Mund und Mundgeruch. Doch was passiert, wenn man ein leicht scharfes Bonbon in den Po einführt und dort eine Weile belässt?
Ein leichtes Brennen ist die Antwort und bei einem Spaziergang ist das besonders unangenehm.

Risiken: Keine

#248 KLEINES KLAMMERSPIEL

Wäscheklammern

Befestige Dir jeden Tag Klammern an Deinen Penis/Hoden/Schamlippen/Brustwarzen. Beginne am ersten Tag mit einer und belasse sie dort für eine Minute, am zweiten Tag nimmst Du 2, am dritten 4, am fünften 6, am sechsten 8 und am letzten Tag 10- Bis die Woche vorbei ist. Ein Fotobeweis stellt sicher, dass Du die Aufgabe auch erfüllt hast.

Risiken: Keine

#249 EKELPAKET

Ein Trinkglas

Machen wir es wieder ekelig.
Nun wird der Person ein ganze Ladung Sperma in den Mund gespritzt. Diese darf aber nich geschluckt oder ausgespuckt werden, sondern verbleibt erst einmal im Mund, bis er sich mit dem Speichel verbunden hat. Nun spuckt man die Mischung in ein Glas und trinkt es wieder aus. Der Aufgabensteller bestimmt, wie oft das gemacht werden muss. Schlussendlich wird das Ganze dann geschluckt.

Risiken: Keine

250 WASCHUNG

Keine

Bei dieser Aufgabe wird der Person verboten ihren Schambereich für 24 Stunden zu berühren. Was bedeutet das?
Es beginnt also morgens mit der Waschung durch den Aufgabensteller. Muss die Person aufs Klo begleitet der Aufgabensteller sie dorthin und putzt die letzten Tropfen dann mit Klopapier ab. Nach dem Sex reinigt der Aufgabensteller auch die Person im Intimbereich (oder auch nicht?). Hat der Aufgabensteller Lust, beschäftigt er sich ausgiebig mit der Scham oder dem Penis. Und bevor es ins Bett geht, gibt es auch wieder eine intime und ausführliche Waschung.
Bei dieser Aufgabe wird also die Herrschaft über den Schambereich für 24 Stunden an den Aufgabensteller übergeben.

Risiken: Keine

251 HAARE

Klammern

Die Schamhaare sind über Gebühr gewachsen?
Das muss natürlich bestraft werden.
Fixiert die Person gut und befestigt dann an den unerwünschten

Haaren möglichst viele Wäscheklammern (oder ähnliches). Das Gewicht der Klammern wir einen fiesen Schmerz verursachen.

Risiken: Keine

252 VIDEO

Kamera

Schicke dem Aufgabensteller innerhalb von 24 Stunden ein Video auf dem Du Dich selbst befriedigst.

Risiken: Keine

253 SCHNULLER

Schnuller

Erneut wird dem Aufgabensteller eine Fotoserie übermittelt.
Was die Fotos zeigen?
Bild 1) Der Schnuller steckt zwischen deinen Zehen
Bild 2) Der Schnuller steckt in deiner Pussy
Bild 3) Der Schnuller steckt in deinem Po
Bild 4) Der Schnuller ist in deinem Mund

Risiken: Keine

#254 DAS GEDICHT

Peitsche

Eine Strafe gegen Vergesslichkeit: Die Person muss ein Gedicht mit mindestens 3-4 Versen auswendig lernen.
Nun wird das Gedicht vorgeführt. Dabei steht die Person nackt nach vorne gebeugt an einer Wand. Die Hände sind neben dem Kopf, der Po heraus gestreckt.
Nach jedem Vers erhält die Person 3 Hiebe auf den Po. Sollte sie sich verhaspeln, muss sie das Gedicht von vorne wiederholen.

Risiken: Keine

#255 DIE LUPE

Brennglas

Besorgt Euch ein gutes Brennglas, fixiert die Person und beginnt nun mit dem Brennglas an bestimmten Stellen Hitze zu erzeugen. Besonders geeignet sind dabei der Intimbereich, die Schamhaare und die Brustwarzen.
Aber bitte nicht übertreiben...

Risiken: Leichte Verbrennungen gut versorgen

256 SQUIRTEN

Eventuell ein Vibrator

Manche Frauen sind in der Lage zu Squirten (Weibliche Ejakulation). Bei dieser Aufgabe setzt sich die Frau auf den Brustkorb der Person, befriedigt sich selbst und squirtet schließlich über das Gesicht der Person. Wann die Person das dann abwischen darf, bestimmt die Aufgabenstellerin.

Risiken: Keine

257 SEKTFLASCHE

Sektflasche

Bei dieser Aufgabe wird eine Sektflasche in Gläser gefüllt, bis die Flasche leer ist. Je nach Füllgrad hat man dann circa 6–7 Gläser. Nun wird die Flasche vaginal oder anal eingeführt und verbleibt darin, bis alle Sektgläser geleert sind. Ob das die Person selbst machen muss oder ob das andere machen, bleibt Euch überlassen.

Risiken: Keine

#258 PUPSEN DIE X-TE

Keine

Bei dieser Aufgabe muss sich die Person selbst in die Hand pupsen und muss dann daran riechen.

Risiken: Keine

#259 BLINDE KUH

Keine

Für diese Aufgabe benötigt man mehrere Mitspieler. Der Person werden die Augen verbunden, dann wird sie in einen Raum geführt indem die Mitspieler schon warten. Die Person steht im Kreis und muss sich dann einige Male um sich selbst drehen. Nun wird ihr angewiesen loszulaufen und natürlich läuft sie dem ersten in die Arme. Dieser entkleidet Sie und greift sie etwas ab. Nach 3 Minuten ertönt ein Gong und die Person wird zum nächsten Mitspieler »geschubst« ... so geht es reihum, bis das Spiel vom Aufgabensteller beendet wird.

Risiken: Keine

260 EROTISCHES SPEEDDATING

Keine

Bei dieser Aufgabe benötigt man zuerst einige Mitspieler. Diese finden sich leicht in erotischen Communities. Der Aufgabensteller schreibt mehrere potentielle Mitspieler an und schildert ihnen die Idee.
Der Person wird eine Art Sedcard des potentiellen Mitspielers gezeigt. Auf der Sedcard ist ein Foto und ein persönlicher Text mit den Vorlieben. Die Person muss nun sofort entscheiden, ob sie mit dieser Person etwas erleben will (Sex, Blowjob, irgendetwas Erotisches eben). Sagt sie nein, wird ihr die Sedcard des nächsten Mitspielers gezeigt und sie kann erneut entscheiden. Sagt sie ja, fallen die restlichen Sedcards ungeöffnet weg. Sie weiß also nie, ob nicht noch etwas Besseres kommt. Gemeinerweise ist die letzte Sedcard die vom Aufgabensteller.

Risiken: Keine

261 GESCHMACKSPROBE

Proben von Speisen

Ein Spiel aus meiner Jugend: Die Person muss mit verbundenen Augen Dinge kosten und herausfinden, was es ist. Gemeinerweise

kann man auch zwei Lebensmittel mischen, was es extrem schwer macht, alles herauszuschmecken.
Für jeden Fehlversuch gibt es am Ende eine Strafe.

Risiken: Keine

262 TELEFONAT

Keine

Bei dieser Aufgabe muss die Person jemanden Anrufen und sich angeregt unterhalten. Nun beginnt der Aufgabensteller die Person zu erregen und versucht sie zum Orgasmus zu bekommen. Die Person muss auf jeden Fall bis zum Ende telefonieren, egal was für Geräusche sie dann von sich gibt.

Risiken: Keine

263 DER KARTON

Großer Karton

Für die vorletzte Aufgabe benötigt man einen Karton, in den man eine Person einsperren kann. Der Karton sollte einige kleine Lüf-

tungslöcher besitzen und ggfls. zwei Öffnungen durch die man hineingreifen kann. Ob man dieses Spiel alleine spielt oder sich noch Mitspieler einlädt, bleibt euch überlassen.
Auf jeden Fall kann man nun durch die Löcher hineingreifen und die Person erregen. In den nächsten Stunden darf die Person die Kiste nur dann verlassen, wenn sie sich sexueller Praktiken unterwirft. Danach wird sie wieder in die Kiste gesperrt. Achtet dabei wirklich auf gute Lüftung, da es in geschlossenen Kartons bzw. Kisten rasch sehr warm werden kann. Die Person darf auch Praktiken anbieten um ggfls. die Kiste verlassen zu dürfen. Vielleicht muss sie ja mal auf Toilette.

Risiken: Keine

264 SCHWIMMLEHRER

Keine

Bei dieser Aufgabe muss die Person schwimmen lernen, egal ob sie es schon kann oder nicht. Der Aufgabensteller hält die Person fest und gibt Anweisungen wie man schwimmt. Die Person versucht es möglichst gut, einen Nichtschwimmer zu mimen.
Doch wo sind die Hände des Schwimmlehrers? Sind sie gar unter den Slip gerutscht? Oder ist da gerade ein Finger im Po? Oder hält er die Person an den Brüsten über Wasser?
Achtet dabei unbedingt darauf, dass ihr nicht erwischt werdet.

SO,

das war (vorerst) die letzte Aufgabe und das Buch kommt nun langsam zu seinem Ende.

Ich hoffe, euch einige Anregungen gegeben zu haben, möchte aber nochmals darauf hinweisen, dass ich keine Haftung für euer Tun übernehme. Geht mit gesundem Menschenverstand an die Sache heran, macht nur Dinge, die ihr könnt und beherrscht, zwingt niemanden zu etwas und achtet auf eure Sicherheit und darauf, dass ihr niemanden belästigt.

Nachfolgend noch ein paar nützliche Informationen.

Viel Spaß!

Woschofius

DAS BUCH DER STRAFEN 2
EINE STRAFE FÜR JEDEN TAG
WOSCHOFIUS

... Denn keine Strafe ist auch keine Lösung

Nach dem sensationellen Erfolg des ersten Teils, der sich monatelag auf Platz 1 bei Amazon im den Bereichen SM und Beziehungen festsetzte, präsentiert der Autor nun ganze 365 Strafen – eine für jeden Tag!

Noch spannender, noch verspielter, noch versauter, ein Fest für alle, die bei Sex nicht unbedingt an "Licht aus und Decke drüber" denken.

Sex will zelebriert werden, es ist das Spiel der Lust. Denn es gilt nach wie vor: Wenn Sex nicht schmutzig war, dann war er meist nicht gut!

Woschofius ist eine absolute SM-Szenegröße. Er beweist einmal mehr, dass Sex spannend, aufregend, anders sein kann und gibt atemberaubende Tipps, um neues Feuer ins Schlafzimmer zu bringen ... oder den Autobahnparkplatz ... oder den Supermarkt ... den öffentlichen Personennahverkehr ...

Taschenbuch, 12 x 18cm, 237 Seiten
ISBN: 978-3-944154-50-3; 12,95 Euro
Ebook:
eISBN: 978-3-944154-51-0; 9,99 Euro

SHOP.MARQUIS-MAGAZINE.COM

Generell müssen wir **2,80 Euro** für Porto & Verpackung erheben. Bitte berücksichtige das bei Bestellungen per Brief!

Vince Voltage

RAW LOVE.

30 x 30 cm – 256 Seiten - Bitte gehen Sie weiter! Niemand sollte dieses Buch kaufen - Vince Voltage muss gecancelt werden!

ONLY
49,95€

Als Vince 2018 «Sex,Art & Rock'n'Roll» ungeschützt in die Welt setzte, war es binnen Stunden ausverkauft. Viele Kunstfreude, die nächtelang in Zeltlagern vor den Buchläden kampiert hatten, gingen leer aus - Aufstände und Plünderungen waren die Folge - Teile Mitteleuropas versanken im Chaos.

Nun - fast 5 Jahre später meldet sich der Digital Art Jesus zurück und drückt seinen Kritikern und Jüngern gleichermaßen einen schmackhaft-schmelzigen Kunsthaufen in den Rachen, der an Bekömmlichkeit nicht zu überbieten ist.

Dem Troubadour der Liebe und Schöpfer des Pop Art Noir ist es gelungen die Rezeptur des Erstlings-Werkes zu verfeinern und ein Potpourri der Sonderklasse aus Hochglanz Trash und Neo Dark Art zu kreieren.

Unnachahmlich und nicht zu stoppen - Vince Voltage setzt neue Maßstäbe und reitet mit fliegenden Fahnen geradewegs Richtung Kunst-Walhalla.

Vince Voltage

[ta'buː]

Eine fotografische Reise in die verborgene Welt der Lust.

Dieser Bildband überschreitet bewusst Grenzen, begibt sich dorthin, wo sonst nur dunkle Schatten sind, und erkundet versteckte Facetten menschlicher Lust, Kultur und Natur.

Der renommierte Fotokünstler Vince Voltage, der für seine außergewöhnlichen Events und seinen schrillen Bildband «Raw Love» international gefeiert wird, gibt sich hier ganz schlicht in Schwarz-Weiß und lässt den Augenblick sprechen, den intimen Moment, wenn das Tabu gebrochen wird.

ONLY
24,95 €

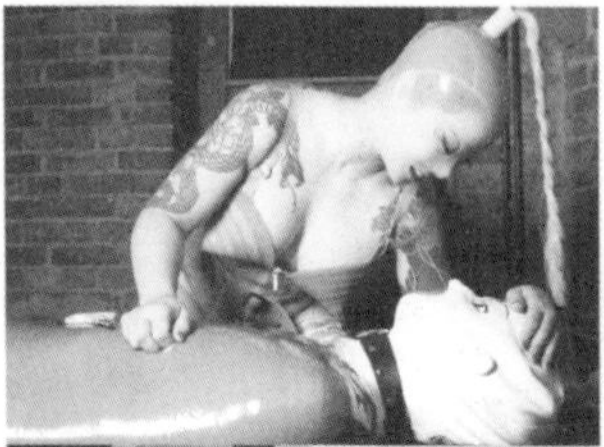

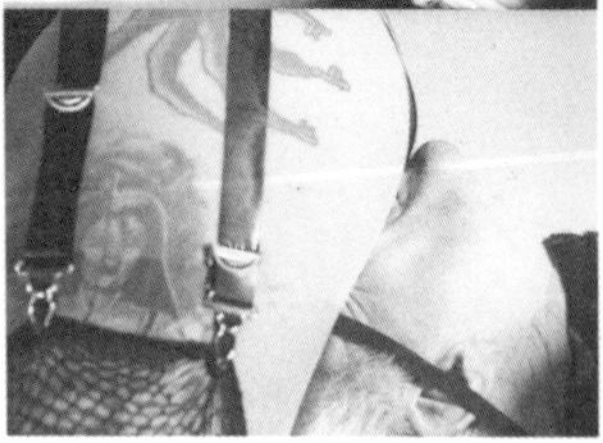

Was er dabei mit seiner Kamera festhält – blickt man einmal jenseits des Tabus –, sind Menschen, die gemeinsam etwas erleben und teilen.

Der Schock bleibt dabei immer schick, die Bilder auffordernd und eindringlich, und so balanciert Vince Voltage mit diesem Buch auf des Messers Schneide zwischen Krawall und bezaubernder Intimität, die zwar das Tabu als Anlass nimmt, aber niemals wertet und den Menschen so Raum und Würde gibt.

[ta'buː] ein ungeschriebenes Gesetz, das aufgrund von Anschauungen innerhalb einer Gesellschaft verbietet, bestimmte Dinge zu tun.

HANDBUCH DER EROTISCHEN SZENARIEN...

WOSCHOFIUS

«Wenn Sie dieses Buch durchgespielt haben, war Ihr Sex wirklich schmutzig, aber auch sensationell gut!»

Der Lustgewinn und der Spaß am erotischen Spiel steht im Mittelpunkt von Woschofius' Schaffen. So auch in diesem Buch, in dem 75 anregende, heiße und spannende Szenarien und Rollenspielldeen darauf warten, von Dir entdeckt und ausprobiert zu werden.

Woschofius ist weithin bekannt, unter anderem durch seine zahlreichen Bestseller, wie «Das Buch der Strafen» Teil 1 und 2, welche beide seit Jahren die Bestsellerlisten auf Amazon anführen. Mit diesen Klassikern bewies der Autor sein Talent dafür, Spaß und Feuer in die Schlafzimmer dieser Welt zu bringen.

Woschofius achtet immer darauf, dass für jeden etwas dabei ist. Hier geht es einerseits um das sanfte erotische Knistern, für die erfahreneren gibt es aber auch gewagte, heiße Rollenspiele, die etwas Mut bedürfen.

Genieße die 75 kreative, erotische Szenarien und Rollenspiele und finde Dein liebstes Setting, erweitere die vorgegebenen Spiele durch Deine Fantasien weiter und erfülle Dir Deine erotischen Träume!

Taschenbuch 12 x 18 cm, 208 Seiten
ISBN: 978-3-86608-161-1

MARQUIS
STRICTLY LIMITED!
JASMINE JAMES
SWEET SEVERINE
GIULIA GOES BLACK!
KURAGE
THE HOTTEST SHOW ON EARTH